1등 스페인어 중급

1판 1쇄 2024년 1월 1일

저　　자 Mr. Sun 어학연구소
펴 낸 곳 OLD STAIRS
출판 등록 2008년1월10일 제313-2010-284호
이 메 일 oldstairs@daum.net

가격은 뒷면 표지 참조

ISBN 979-11-7079-016-7

1등 스페인어 중급

OLD STAIRS

Tabla de Contenido
table of contents

6p intro 스페인어의 008 초급에서 배운 현재시제 간단 정리!
시제 미리보기 009 앞으로 배우게 될 시제의 모든 것!

10p 1 다양한 시제의 012 현재진행형
형태와 용법 016 현재완료
018 Haber 동사
020 과거분사 → 형용사
022 단순과거
026 불완료과거
028 TIP ~하려고 했다 & ~라고 했지?
030 대과거
031 과거진행형 & 불완료과거 진행형 ①
032 과거진행형 & 불완료과거 진행형 ②
034 현재분사
035 TIP 현재분사 & 과거분사
036 미래 ①
038 미래 ②
039 TIP 미래시제와 어울리는 단어들
040 미래를 나타내는 현재형
041 가정미래

54p 2 목적대명사와 056 직접목적격 대명사
Se용법 058 간접목적격 대명사
062 역구조동사
066 재귀동사
070 대명동사
072 Se용법

90p **3** 수동태와 비교급

092 수동태
093 재귀수동태
096 전치사
098 비교급
099 최상급

110p **4** 꾸며주는 **형용사와 부사**

112 원형동사 → 명사
113 TIP 전치사 + 원형동사 = 부사절접속사
114 TIP 형용사가 명사로!
115 TIP Muy / Mucho / Muchas & Estar / Ser / Parecer
118 명사를 꾸미자!
120 동사를 꾸미는 부사

130p **5** 접속법과 직설법

132 접속법 현재
136 Ser + 형용사
137 Que + 접속법? 직설법?
138 조언, 추천, 명령, 부탁

146p **Outro** 스페인어 **필수 표현 516**

INTRO

스페인어의
시제 미리보기

초급에서 배운
현재시제 간단 정리!

앞으로 배우게 될
시제의 모든 것!

스페인어의 시제 미리보기 ⭐⭐⭐
초급에서 배운 현재시제 간단 정리!

현재시제의 **용법**

다른 언어들과 마찬가지로 스페인어 역시 과거, 현재, 미래 등의 시제가 있습니다.
초급교재에서는 현재시제를 배웠다면, 중급교재에서는 과거, 미래 등 기타 시제도 살펴보고자 합니다.
우선 현재시제의 용법과 형태를 간단히 복습해볼까요?

1 현재의 **사실**이나 **생각**

| 나는 선생님으로 일하고 있다. | **Yo** trabajo **de profesora.** |
| 너는 뉴스에 대해 어떻게 생각해? | **¿Qué** piensas **de la noticia?** |

2 현재 지속되고 있는 **습관**

| 엘리사는 매일 아침 조깅을 한다. | **Elisa** corre **todas las mañanas.** |

3 변하지 않는 사실이나 **법칙**

| 물은 100도에서 끓는다. | **El agua** hierve **a 100 grados.** |

현재시제의 **형태**

영어에서 주어에 따라 동사가 변하듯이, 스페인어도 똑같이 주어에 따라 형태가 변합니다.
영어의 일반동사는 원형과 3인칭 단수형 뿐입니다. 하지만 스페인어의 일반동사는 원형이 따로 있고
주어에 따라 6가지로 변화합니다.

스페인어의 시제 미리보기
앞으로 배우게 될 시제의 모든 것!

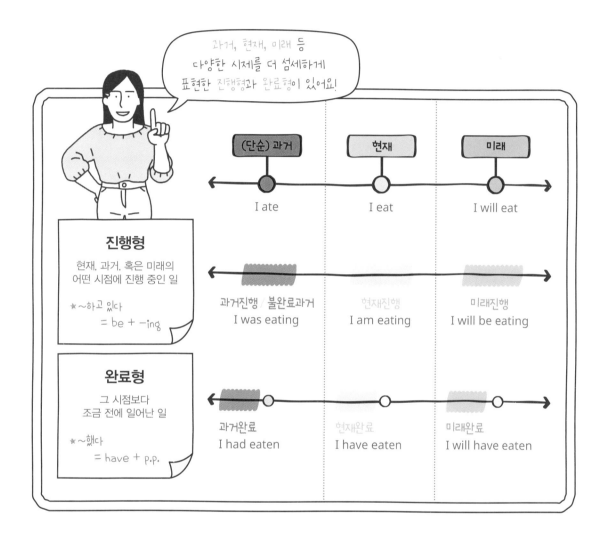

스페인어에서는 단순과거, 불완료과거, 현재완료, 과거완료까지 과거를 여러 방식으로 표현합니다.
각 시제의 형태와 더 자세한 용법은 뒤에 나오는 챕터에서 보기로 합시다.

01

다양한 시제의
형태와 용법

현재진행형

현재완료

Haber 동사

과거분사 → 형용사

단순과거

불완료과거

TIP ~하려고 했다 & ~라고 했지?

대과거

과거진행형
& 불완료과거 진행형 ①, ②

현재분사

TIP 현재분사 & 과거분사

미래 ①, ②

TIP 미래시제와 어울리는 단어들

미래를 나타내는 현재형

가정미래

**¿Qué has hecho
este verano?**

이번 여름에 뭐 했어?

한눈에 배운다!
현재진행형

나는
먹고 있다

"～하고 있다", "～하고 있는 중이다"
현재 시점에서 어떤 동작이 진행되고 있는 상태를 표현하는 방법을
배워보겠습니다. 영어의 현재진행형과 구조가 같습니다.
스페인어에 Be동사에 해당하는 동사가 두 가지인 것 기억하시나요?
Ser와 Estar입니다. 그중에 상태를 나타내는 Ester동사를 써서
Ester동사+현재분사 형태로 활용하시면 됩니다.

▶ 나는 먹는다. → 나는 먹고 있다.

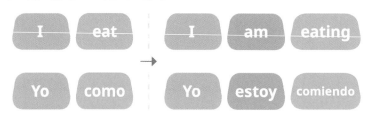

| I | eat |
| I | am | eating |

→

| Yo | como |
| Yo | estoy | comiendo |

영어에서 ing를 붙이듯이 스페인어에서는 ando, iendo를 붙입니다.

ar 규칙동사	er 규칙동사	ir 규칙동사
걷다	먹다	쓰다
Caminar 동사원형	**Com**er	**Escrib**ir
↓	↓	↓
Caminando 현재분사형	**Com**iendo	**Escrib**iendo

아주 간단하지요? 그런데 여기에 다음과 같은 세부 규정이 있습니다.

1 변화해야 하는 er 혹은 ir 앞에 모음이 충돌하면
iendo를 yendo로 바꾼다.

● 가져오다	● 읽다	● 믿다
Traer	**L**eer	**Cr**eer
↓	↓	↓
Trayendo	**Le**yendo	**Cre**yendo

TIP

《 읽어
보세요   **Estar 동사 변화표**

Estar [에쓰따르]
: ～ 상태이다

Yo	estoy	에쓰또이
Tú	estás	에쓰따쓰
Él / Usted	está	에쓰따
Nosotros	estamos	에쓰따모쓰
Vosotros	estáis	에쓰따이쓰
Ellos / Ustedes	están	에쓰딴

《 더 알아
봅시다   **주어가 없어도 Estar가
알려준다**

눈치채셨겠지만 주어에 따른 동사 변형은
Estar 동사가 합니다. 현재분사형은 주어
에 따른 변형은 없습니다. 그렇지만 주어
가 생략되더라도, Estar 동사 덕분에 주
어가 무엇인지 추측할 수 있겠군요.

● Estoy comiendo.
나는 먹는 중입니다.

발음
Caminando [까미난도]
Comiendo [꼬미엔도]
Escribiendo [에쓰끄리비엔도]

발음
Traer	[뜨라에르]
Trayendo	[뜨라이엔도]
Leer	[올레에르]
Leyendo	[올레이엔도]
Creer	[끄레에르]
Creyendo	[끄레이엔도]

2 어간에 e가 나오면 i로 변화할 수도 있다.

- 말하다 **Dec**ir
  ↓
  Diciendo

3 어간에 o가 나오면 u로 변화할 수도 있다.

- 자다 **Dorm**ir
  ↓
  Durmiendo

TIP

읽어 보세요 **어간과 어미**

Dec ir
어간   어미

Consent ir
어간   어미

어간은 단어의 실질적 의미를 나타내는 중심이 되는 부분입니다. 반면에 어미는 동사의 시제를 구분해주는 역할을 하죠. 스페인어의 동사 변형은 어미의 변화로 만들어집니다. 하지만 불규칙 동사의 경우 어간에 변형이 있습니다. 이 경우는 보통 모음에 강세가 있습니다.

🖊 **주어진 동사원형을 보고 현재분사형으로 만들어 보세요.**

1 Comprar 사다	**2 Hablar** 말하다
3 Cantar 노래하다	**4 Beber** 마시다
5 Saber 알다	**6 Salir** 나가다
7 Recibir 받다	**8 Construir** 건축하다

정답&발음

1. Comprar → Comprando
   [꼼쁘라르] → [꼼쁘란도]
2. Hablar → Hablando
   [아블라르] → [아블란도]
3. Cantar → Cantando
   [깐따르] → [깐딴도]
4. Beber → Bebiendo
   [베베르] → [베비엔도]
5. Saber → Sabiendo
   [사베르] → [사비엔도]
6. Salir → Saliendo
   [살리르] → [살리엔도]
7. Recibir → Recibiendo
   [레시비르] → [레시비엔도]
8. Construir → Construyendo
   [꼰쓰뜨루이르] → [꼰쓰뜨루이엔도]

Practice
현재 진행 ①

따라 말하기

 빈칸에 알맞은 현재분사를 채워보세요.

1 나는 잠을 자고 있다.

(Yo) (estoy) (durmiendo) .

2 너희들은 노래를 하고 있다.

(Vosotros) (estáis) ( ) .

3 무엇을 하고 계셨습니까?

¿ (Qué) (estaba) ( ) ?

4 너는 공부를 하고 있다.

(Tú) (estás) ( ) .

5 그들은 나가고 있었다.

(Ellos) (estaban) ( ) .

6 우리는 산책을 하고 있다.

(Nosotras) (estamos) ( ) .

7 그녀들은 무언가를 하고 있다.

(Ellas) ( ) ( ) (algo) .

8 당신들은 스페인어로 말하고 있었다.

(Ustedes) ( ) ( ) (en español) .

9 그는 가방을 가져오고 있었다.

(Él) ( ) ( ) (su maleta) .

10 나는 도서관에 가고 있다.

(Yo) ( ) ( ) (a la biblioteca) .

- 정답입니다! -

1 durmiendo 2 cantando 3 haciendo 4 estudiando
5 saliendo 6 paseando 7 están / haciendo 8 estaban / hablando
9 estaba / trayendo 10 estoy / yendo

Practice
현재진행 ②

따라 말하기

✏️ 다음 문장을 스페인어로 옮겨적어 보세요.

1 안토니오는 춤을 추고 있다.　　**Antonio está bailando.** ✏️

----

2 그들은 울고 있다.

----

3 나는 사실을 말하고 있다.

----

4 할아버지는 요리를 하고 계시다.

----

5 아버지는 아기를 돌보고 계신다. [돌보다: Cuidar]

----

6 무슨 일이 일어나고 있는 거야? [일어나다: Pasar]

----

7 너희들은 영화를 보고 있다.

----

8 어머니는 전화를 하고 계신다. [전화하다: Hablar por teléfono]

----

9 우리는 하루종일 일을 하고 있다. [하루종일: Todo el día]

----

10 선생님은 학생들에게 인사를 하고 있다.

정답입니다!

① Antonio está bailando.　② Ellos están llorando.　③ Estoy diciendo la verdad.
④ Mi abuelo está cocinando.　⑤ Mi padre está cuidando al bebé.　⑥ ¿Qué está pasando?
⑦ Estáis viendo una película.　⑧ Mi madre está hablando por teléfono.
⑨ Estamos trabajando todo el día.　⑩ El profesor está saludando a los estudiantes.

한눈에 배운다!
현재완료

나는 사과를 먹었어

스페인어에는 과거시제가 무려 4개나 있습니다.
현재완료, 단순과거, 불완료과거, 대과거(과거완료)가 바로 그것인데요.
우선 현재완료와 과거분사의 쓰임을 먼저 살펴보겠습니다.

현재완료
- 과거에서 일어난 일이 현재에도 영향을 미칠 때
- 과거에서 정확한 시점을 말하지 않을 때
- Aún-Todavía (아직) 이라는 표현을 쓸 때
- Siempre – Nunca (항상, 단 한 번도) 부사를 사용할 때

현재완료 문장을 만드는 방법은 동사의 앞에
조동사 Haber의 현재형을 사용하고, 동사는 과거분사를 사용하면 됩니다.

	Haber 현재형	과거분사
Yo	he	
Tú	has	
Él / Usted	ha	
Nosotros	hemos	**+** amado
Vosotros	habéis	
Ellos / Ustedes	han	

▶ 나는 너를 사랑했다. (사랑해왔다.)

과거분사

Yo te he amado.
└ have ┘ └ loved ┘

영어에서 Love가 Loved가 되듯이 스페인어에서는 Amar이 Amado가 됩니다.

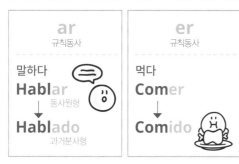

ar 규칙동사	er 규칙동사	ir 규칙동사
말하다 **Hablar** → 동사원형 **Hablado** 과거분사형	먹다 **Comer** → **Comido**	살다 **Vivir** → **Vivido**

TIP

읽어 보세요 《〈 자주 사용하는 불규칙 과거분사

Abrir 열다
└ Abierto [아비에르또]

Freír 튀기다
└ Frito [프리또]

Decir 말하다
└ Dicho [디초]

Imprimir 인쇄하다
└ Impreso [임쁘레쏘]

Escribir 쓰다
└ Escrito [에쓰끄리또]

Morir 죽다
└ Muerto [무에르또]

Hacer 하다
└ Hecho [에초]

Poner 놓다
└ Puesto [뿌에쓰또]

발음
Hablado	[아블라도]
Comido	[꼬미도]
Vivido	[비비도]

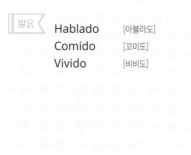

현재완료 문장에는 주로 다음과 같은 부사들이 함께 쓰입니다.

Siempre
[시엠쁘레]
항상

Nunca
[눈까]
단 한 번도

Hoy
[오이]
오늘

Esta tarde
[에스따 따르데]
오늘 오후

Esta semana
[에스따 세마나]
이번 주

Hasta ahora
[아스따 아오라]
지금까지

현재완료가 사용된 예문을 살펴보겠습니다.

▶ 나는 항상 언어를 배우는 것에 대해 관심이 많았다.

Siempre me ha interesado
└ always ┘   └ have interested ┘

aprender idiomas.
└ learn ┘

▶ 이번 여름에 비가 거의 안 왔다.

Este verano no ha llovido casi nada.
└ this summer ┘   └ have rained ┘

▶ 너 아직도 집에 안 갔어?

¿**No** has ido a casa <u>todavía</u>?
└ have gone ┘   └ still ┘

<< 읽어 보세요 **현재완료와 자주 쓰이는 부사들**

Esta mañana [에쓰따 마냐나]	오늘 아침
Esta primavera [에쓰따 쁘리마베라]	이번 봄
Este otoño [에쓰떼 오또뇨]	이번 가을
Este invierno [에쓰떼 인비에르노]	이번 겨울
Este verano [에쓰떼 베라노]	이번 여름
Este año [에쓰떼 아뇨]	올해
Este mes [에쓰떼 메쓰]	이번 달
Este fin de semana [에쓰떼 핀 데 쎄마나]	이번 주말
Ya [야]	이미
Aún [아운]	아직
Últimamente [울띠마멘떼]	최근에
Por ahora [뽀르 아오라]	지금까지
Por el momento [뽀르 엘 모멘또]	현재까지

한눈에 배운다!
Haber 동사

있다
없다

Haber 동사는 조금 복잡합니다.
바로 두 가지 갈래를 가지고 있기 때문이죠.

❶ **분사와 함께 사용**될 때의 Haber
❷ **존재의 뜻**을 가지고 있을 때의 Haber

그런데 둘 중 어떤 의미로 쓰였는지에 따라 변형의 모양새가 다릅니다.
지금까지 배운 Haber 변형은 1번의 경우였습니다.
그럼 지금부터 2번, 존재의 뜻을 가지고 있을 때의 Haber를 살펴보겠습니다.

there is
/ there are **Hay** 있다   there isn't
/ there aren't **No hay** 없다

1 주어가 생략된다.
대명사 형태의 주어는 생략된다.

2 3인칭 단수만이 존재한다.
모든 시제 변형도 3인칭 단수만 있다.

3 정관사 X, 부정관사 O
정관사: *el / la / los / las*, 부정관사: *un / una / unos / unas*

▶ 많은 사람들이 버스에 있다.

   Hay **mucha gente en el autobús.**

▶ 문제가 없다.

   No hay **problema.**

▶ 공원에 아이들이 많았다.

   En el parque había **muchos niños.**

TIP

<< 읽어
보세요   **Hay의 여러 시제들**

현재   : **Hay** (있다)
단순과거   : **Hubo** (있었다)
            ↘ 정확히 과거일 때 사용
불완료과거 : **Había** (있었다)
            ↘ 과거를 묘사

<< 읽어
보세요   **의무를 나타내는**
         Hay que, Tener que

• *Hay que* estudiar más.
  공부를 더 해야 한다.
  (누가? 모두가)

• *Tienes que* estudiar más.
  너는 공부를 더 해야 한다.

두 표현의 차이는 주어가 누구냐에 대한
것인데요, **hay que** 라고 하면 '모든 사람
들'이 주어가 되고, **tienes que** 라고 하
면 주어는 '너'가 됩니다.

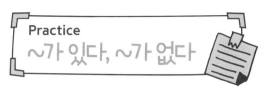

Practice
~가 있다, ~가 없다

따라 말하기

✏️ 다음 문장에서 시제에 주의하여 빈칸에 Haber 동사를 써넣으세요.

1 시장에는 뭐가 있어?

¿Qué hay en el mercado?

2 사과도 있고, 배도 있고, 오렌지도 있어.

⬜ manzanas, peras y naranjas.

3 광장에 많은 사람들이 있다.

⬜ muchas personas en la plaza.

4 메뉴에 김치가 있을까?

¿ ⬜ kimchi en el menú?

5 교실에 많은 학생들이 있었다.

⬜ muchos estudiantes en la clase.

6 우리 대학교에 사람이 많을 거야.

⬜ mucha gente en nuestra universidad.

7 동물원에 동물이 많았다.

⬜ muchos animales en el zoo.

8 버스 정류장에 아무도 없었다.

No ⬜ nadie en la parada de autobús.

9 그 동네에 은행이 하나 있다.

En ese barrio, ⬜ un banco.

10 먹을 게 하나도 없다.

No ⬜ nada que comer.

영어에서 과거분사는 형용사로 사용됩니다.

The suitcase prepared
준비된 짐(여행 가방)

우리는 현재완료형을 배울 때 과거분사를 배운 적이 있습니다.

ar 규칙동사	er 규칙동사	ir 규칙동사
Hablar 말하다 ↓ 동사원형 **Habl**ado 과거분사형	**Com**er 먹다 ↓ **Com**ido	**Viv**ir 살다 ↓ **Viv**ido

스페인어에서 과거분사를 형용사로 사용할 경우 성과 수를 맞춰 주어야 합니다.

Las maletas preparadas
준비된 짐들   여성 복수

앞 단원에서 배웠듯이 과거분사에도 불규칙이 있습니다.
형용사로 활용될 때에는 불규칙과 규칙 형태 모두 사용 가능하지만,
불규칙이 자주 사용되는 형태는 아닙니다.

튀기다
Freír → 튀겨진 **Frito** 불규칙 과거분사
[프ˈ리또]
Freído 규칙처럼 변화
[프ˈ레이도]

인쇄하다
Imprimir → 인쇄된 **Impreso**
[임쁘레소]
Imprimido
[임쁘리미도]

TIP

<< 읽어 보세요 | **과거분사를 분사로 사용할 때는**

스페인어를 배우면서 가장 어려운 부분이 성·수의 구분이죠. 그러나 과거분사를 분사로 사용할 때는 다행히도 성·수의 구분이 없습니다.

● 과거분사   무조건 남성 단수 (Haber 동사와 사용할 시)
● 형용사   주어, 명사의 성·수 일치 필수

He terminado la tarea.
나는 숙제를 끝냈다.

Tengo la tarea terminada.
나는 숙제를 끝난 상태로 가지고 있다.

Hemos ordenado los libros.
우리는 책들을 정리했다.

Tenemos los libros ordenados.
우리는 책들을 정리된 상태로 가지고 있다.

따라 말하기

✎ 다음 빈칸에 알맞은 형태의 과거분사를 써넣으세요. 단, 수식하는 명사의 성과 수에 주의하세요.

1 모든 음식은 준비되어 있다.

Tenemos todas las comidas preparadas .

2 나는 모든 과목을 공부해두었다.

Tengo todas las asignaturas _____ .

3 너는 감자튀김 좋아해?

¿Te gustan las patatas _____ ?

4 우리 모두는 일로 지쳤다.

Todos estamos _____ por el trabajo.

5 너희들은 화가 난 상태다. [화나게 하다: Enfadar]

Vosotros estáis _____ .

6 선생님이 선물을 숨겨놓으셨다. [숨기다: Esconder]

La profesora tiene los regalos _____ .

7 창문들이 다 열려 있다.

Las ventanas están _____ .

8 어머니는 짐을 다 준비해두셨다. [준비하다: Preparar]

Mi madre tiene la maleta _____ .

9 전쟁은 모든 건물을 파괴했다. [파괴하다: Destruir]

La guerra dejó todos los edificios _____ .

10 나는 소파에서 잠들어버렸다. [잠들어버리다: Quedarse dormido]

Me quedé _____ en el sofá.

정답입니다!

1 preparadas
2 estudiadas
3 fritas
4 cansados
5 enfadados
6 escondidos
7 abiertas
8 preparada
9 destruidos
10 dormido

앞에서 과거시제가 4개 있다고 말씀드렸습니다.
그 중 현재완료를 살펴봤고, 이제 나머지 3개의 과거시제를 알아봅시다.

단순과거	• 과거에 정확한 시점에서 일어났을 때
	• 과거에서 시작했고 끝났을 때
불완료 과거	• 과거에 진행 중이던 일
	• 과거 어떤 일이 일어난 상황이나 배경을 묘사할 때
	• 과거에 자주 하던 일이나 습관
대과거 (과거완료)	• 과거의 어떤 일이 벌어지기 전에 일어난 일

먼저 단순과거형 만드는 방법을 배워보겠습니다.
현재형 문장에서 동사만 단순과거로 바꾸어주면 됩니다.

ar동사 ········ Comprar '사다'

	현재형	단순과거
Yo	compro	compré
Tú	compras	compraste
Él / Usted	compra	compró
Nosotros	compramos	compramos
Vosotros	compráis	comprasteis
Ellos / Ustedes	compran	compraron

er동사 ········ Comer '먹다'

	현재형	단순과거
Yo	como	comí
Tú	comes	comiste
Él / Usted	come	comió
Nosotros	comemos	comimos
Vosotros	coméis	comisteis
Ellos / Ustedes	comen	comieron

TIP

읽어 보세요 **현재완료와 과거형은 혼용되어서 사용된다**

현재완료는 가까운 과거 혹은 현재와 연관이 있는 과거를 표현할 때 사용됩니다. 반면 과거형은 과거에 끝난 일을 표현할 때 사용합니다. 그런데 이 두 가지 시제는 실생활에서는 조금 혼용되어 사용되기도 합니다. 문법적으로는 단순과거가 조금 더 먼 미래를 나타내는 게 맞습니다.

읽어 보세요 **ir동사의 변형은 ser동사의 변형과 같다**

ir동사의 단순과거 변형 방식은 ser동사의 변형 방식과 같습니다.

발음 **Comprar** [꼼쁘라르]

꼼쁘로	꼼쁘레
꼼쁘라쓰	꼼쁘라스떼
꼼쁘라	꼼쁘로
꼼쁘라모쓰	꼼쁘라모쓰
꼼쁘라이쓰	꼼쁘라쓰떼이쓰
꼼쁘란	꼼쁘라론

발음 **Comer** [꼬메르]

꼬모	꼬미
꼬메쓰	꼬미쓰떼
꼬메	꼬미오
꼬메모쓰	꼬미모쓰
꼬메이쓰	꼬미쓰떼이쓰
꼬멘	꼬미에론

현재형 ▶ 나는 그 책을 읽는다.

현재형
Yo leo ese libro.

단순과거 ▶ 나는 작년에 그 책을 읽었다.

단순과거형
Yo leí ese libro el año pasado.

단순과거 예문들을 살펴보겠습니다.

정확한 시점
▶ 작년에 나는 교환학생으로 마드리드로 갔다.

El año pasado fui a Madrid como
└─ the last year ─┘
estudiante de intercambio.
└─ exchange student ─┘

정확한 시점
▶ 영화가 막 시작했을 때 내 친구는 가야만 했었다.

Justo cuando la película empezó
└─ just when the movie started ─┘
mi amigo tuvo que irse.
└─ had to go ─┘

정황상 끝난 일
▶ 오늘 너의 집에서 저녁을 먹는다고 나는 나의 부모님에게 말했다.

Les dije **a mis padres**
└─ I told ─┘
them
que hoy ceno en tu casa.

<< 읽어 보세요 **단순과거와 자주 쓰이는 부사들**

Ayer [아예르]	어제
Anteayer [안떼아예르]	그저께
Anoche [아노체]	어젯밤
Anteanoche [안떼아노체]	그저께 밤
El día 23 [엘 디아 베인띠뜨레쓰]	23일에
El otro día [엘 오뜨로 디아]	지난번에
De repente [데 레뻰떼]	갑자기
El martes pasado [엘 마르떼쓰 빠싸도]	지난 화요일에
El año pasado [엘 아뇨 빠싸도]	작년에
El verano pasado [엘 베라노 빠싸도]	지난 여름에
La semana pasada [울라 쎄마나 빠싸다]	지난 주에
Hace dos años [아쎄 도쓰 아뇨쓰]	2년 전에
A los 11 años [아 을로쓰 온쎄 아뇨쓰]	11살 때
Una vez [우나 베쓰]	한 번은
Entonces [엔똔쎄쓰]	그래서
Luego / después [을루에고 / 데쓰뿌에쓰]	그리고 (그 후)
Al poco rato [알 뽀꼬 라또]	잠시 후에

네 동사만 외우자!
단순과거 ①

따라 말하기

Trabajar
[뜨라바하르] 일하다

Yo	trabajé
Tú	trabajaste
Él / Usted	trabajó
Nosotros	trabajamos
Vosotros	trabajasteis
Ellos / Ustedes	trabajaron

Beber
[베베르] 마시다

Yo	bebí
Tú	bebiste
Él / Usted	bebió
Nosotros	bebimos
Vosotros	bebisteis
Ellos / Ustedes	bebieron

Vender
[벤데르] 팔다

Yo	vendí
Tú	vendiste
Él / Usted	vendió
Nosotros	vendimos
Vosotros	vendisteis
Ellos / Ustedes	vendieron

Abrir
[아브리르] 열다

Yo	abrí
Tú	abriste
Él / Usted	abrió
Nosotros	abrimos
Vosotros	abristeis
Ellos / Ustedes	abrieron

따라 말하기

 새로운 단어에 동사 변화 규칙을 적용해보세요.

Amar
[아마르] 사랑하다

Yo

Tú

Él / Usted

Nosotros

Vosotros

Ellos / Ustedes

Cocinar
[꼬씨나르] 요리하다

Yo

Tú

Él / Usted

Nosotros

Vosotros

Ellos / Ustedes

Aprender
[아쁘렌데르] 배우다

Yo

Tú

Él / Usted

Nosotros

Vosotros

Ellos / Ustedes

Recibir
[레씨비르] 받다

Yo

Tú

Él / Usted

Nosotros

Vosotros

Ellos / Ustedes

정답입니다!

1 amé / amaste / amó / amamos / amasteis / amaron
2 cociné / cocinaste / cocinó / cocinamos / cocinasteis / cocinaron
3 aprendí / aprendiste / aprendió / aprendimos / aprendisteis / aprendieron
4 recibí / recibiste / recibió / recibimos / recibisteis / recibieron

나는 아침마다
사과를 먹곤 했었다

불완료과거는 다음과 같을 때 사용합니다.

1 과거의 상황, 사람 그리고 사물의 상태를 설명할 때
기분, 분위기를 묘사할 때 주로 사용

▶ 나는 헬스장을 다녔어.

Yo iba al gimnasio.
└ went ┘└ to gym ┘

▶ 어제의 하늘은 파랬어.

Ayer el cielo estaba azul.
└ the sky ┘└ was blue ┘

2 과거에 지속적, 반복적으로 일어난 일
영어의 used to~ 처럼 과거에 ~하곤 했었다는 의미로
습관적 행동을 표현할 때 사용

▶ 나는 수업 후에 헬스장에 가곤 했어.

Yo iba al gimnasio
└ went ┘└ to gym ┘

después de la clase.
└ after ┘ └ the class ┘

3 현재와 다른 과거의 상황을 이야기할 때
현재까지도 지속된다면 현재완료를 사용

▶ Juan은 변호사로 일을 했었고 그의 아내는 의학을 공부했었다.

Juan trabajaba como abogado y
└ worked ┘└ as a lawyer ┘

su mujer estudiaba medicina.
└ studied ┘

4 과거에 어떤 일을 하던 중에 벌어진 일
방해의 요소가 생기기 전에 일어난 일

▶ 나의 여자친구는 내가 수업 중이었을 때 나에게 전화를 했다.

Mi novia me llamó cuando
└ called ┘

estaba en clase.
└ was ┘

 TIP

<< 읽어
보세요 **Soler + 동사원형**

Soler [쏠레르]
: ~하곤 하다

		직설법 불완료 변형
Yo	**solía**	쏠리아
Tú	**solías**	쏠리아스
Él / Usted	**solía**	쏠리아
Nosotros	**solíamos**	쏠리아모스
Vosotros	**solíais**	쏠리아이스
Ellos / Ustedes	**solían**	쏠리안

Soler는 2가지 시제에만 사용 가능합니다.
방금 소개한 직설법 불완료과거시제와 직
설법 현재시제만 사용할 수 있습니다.

• *Siempre* yo *solía comer*
una manzana después
de la clase.
나는 수업이 끝나면
항상 사과를 먹곤 했었다.

<< 읽어
보세요 **불완료과거의 또 다른 쓰임**

과거의 나이에 대해서 말할 때 역시 불완료
과거를 사용하여 말합니다.

• Ella *tenía* cinco años
cuando empezó
la guerra.
전쟁이 시작했을 때 그녀는 5살이었다.

5 질문, 부탁, 다시 물어볼 때
존댓말의 뉘앙스를 띰

▶ 안녕하세요. 뭐 찾으시나요?

Buenos días, ¿qué buscaba?
                          └ look for ┘

불완료과거는 과거의 시간 안에서 지속된 행동이나 상태일 때 사용합니다.
콕 집어 어떤 시점을 이야기해야 한다면 단순과거를 사용합니다.

자 그럼, 본격적으로 불완료과거 동사를 외워보겠습니다.

규칙(ar, er) ···· Comper '사다'   Comer '먹다'

	Comprar '사다'	Comer '먹다'
Yo	compraba	comía
Tú	comprabas	comías
Él / Usted	compraba	comía
Nosotros	comprábamos	comíamos
Vosotros	comprabais	comíais
Ellos / Ustedes	compraban	comían

불규칙 ········ Ser '~이다'   Ir '가다'   Ver '보다'

	Ser '~이다'	Ir '가다'	Ver '보다'
Yo	era	iba	veía
Tú	eras	ibas	veías
Él / Usted	era	iba	veía
Nosotros	éramos	íbamos	veíamos
Vosotros	erais	ibais	veíais
Ellos / Ustedes	eran	iban	veían

Estar 불완료과거의 동사변화

Estar [에쓰따르]
: ~ 상태이다

	직설법 불완료 변형	
Yo	estaba	에스따바
Tú	estabas	에스따바스
Él / Usted	estaba	에스따바
Nosotros	estábamos	에스따바모스
Vosotros	estabais	에스따바이스
Ellos / Ustedes	estaban	에스따반

불완료과거의 불규칙은 3단어뿐

불완료과거의 불규칙은 옆에서 소개하는
3단어뿐입니다. 참 기분 좋은 소식이군요.

"~하려고 했다" & "~라고 했지?"

~하려고 했다
ir 동사
불완료과거형의 활용

&

~ **하려고 했다**라고 말할 땐, ir동사 불완료과거형을 사용합니다.

1   *ir* + *a* + 동사원형 = 미래   **2**   *ir*(불완료과거형) + *a* + 동사원형 = ~하려고 했다

1번은 다음 단원에서 배웁니다.

이 단원에서는 **2**번 "~하려고 했다"에 대해서 살펴 봅시다.

→ 이번 주말에 나는 내 친구들과 해변으로 가려고 했다, 하지만 비가 올 것이기 때문에 취소됐다.

Este fin de semana   iba a ir   **a la playa**
     this end of week   was   to the beach
                  going to go

con mis amigos, pero se canceló porque va a llover.
   with my friends   but was cancelled   because It's going to rain

→ 우리 오늘 보기로 하지 않았어?

¿No íbamos a vernos **hoy?**
         we were going to
         see each other

~라고 했지?
다시 물을 땐
불완료과거시제

한 번 물어봤던 질문을 다시 질문할 때 불완료과거시제를 사용합니다.
처음으로 질문하는 경우에는 직설법 현재시제를 사용합니다.

너 어디야?	**¿Dónde estás?**
너 어디라고 했지?	**¿Dónde estabas?**

너 생일이 언제야?	**¿Cuándo es tu cumpleaños?**
너 생일이 언제라고 했지?	**¿Cuándo era tu cumpleaños?**

▶ 질문에 대한 대답은 불완료과거시제로 하지 않습니다.

Practice
∼하려고 했다, ∼라고 했지?

따라 말하기

✎ 다음 문장을 스페인어로 옮겨적어 보세요.

1 오늘 나는 학교에 가려고 했어. **Hoy iba a ir a la escuela.** ✎
----

2 너는 오늘 오후에 뭐 하려고 했어?
----

3 안토니오는 내일 출발하려고 했다.
----

4 우리는 나가려고 했는데 비가 오기 시작했다.
----

5 페드로는 사실을 말하려 했으나 거짓말을 했다.
----

6 너 이름이 뭐였지?
----

7 수업이 몇 시였지?
----

8 어디에서 일하셨었죠?
----

9 집이 어디 쪽이셨죠?
----

10 스페인의 수도가 어디였지?

정답입니다!

① Hoy iba a ir a la escuela. ② ¿Qué ibas a hacer esta tarde? ③ Antonio iba a partir mañana.
④ Nosotros íbamos a salir, pero empezó a llover. ⑤ Pedro iba a decir la verdad, pero mintió.
⑥ ¿Cómo te llamabas? ⑦ ¿A qué hora era la clase? ⑧ ¿Dónde trabajabas?
⑨ ¿Por dónde vivías? ⑩ ¿Cuál era la capital de España?

"우리가 역에 도착했을 때, 지하철은 이미 떠났다."

대과거란 과거의 어느 시점보다 더 앞선 시점에서
과거의 시점까지 계속되었음을 나타내는 시제입니다.

대과거

과거   현재

Cuando llegamos a la estación,
└ when ┘ └ we arrived ┘ └ at the station ┘

라기

el metro ya se había ido.
└ the subway ┘ └ was gone ┘

대과거

대과거 문장을 만드는 방법은 아래와 같습니다.

Haber 불완료과거   과거분사

Yo	había
Tú	habías
Él / Usted	había
Nosotros	habíamos
Vosotros	habíais
Ellos / Ustedes	habían

+

ado / ido

▶ 네가 나에게 선물했던 책을 내가 읽었다.

Leí el libro que me habías regalado.
└ I read the book ┘   └ (you) had given ┘

▶ Juan은 그의 어머니가 선물했던 시계를 잃어버렸다.

Juan perdió el reloj que
└ Juan lost the watch ┘

le había regalado su madre.
└ (she) had given ┘

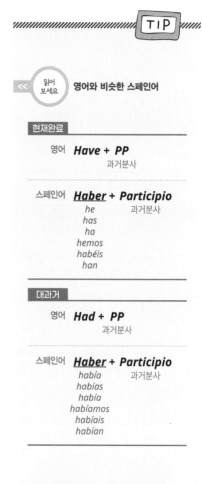

TIP

읽어 보세요   영어와 비슷한 스페인어

현재완료

영어   **Have + PP**
      과거분사

스페인어   **Haber + Participio**
he	과거분사
has	
ha	
hemos	
habéis	
han	

대과거

영어   **Had + PP**
      과거분사

스페인어   **Haber + Participio**
había	과거분사
habías	
había	
habíamos	
habíais	
habían	

한눈에 배운다!
과거진행형 & 불완료과거 진행형 ①

나는 사과를 먹는 중이었다

1. 과거진행형
   먹고 있는 중이었다.
   [마무리를 한 상황]

2. 불완료과거 진행형
   먹고 있는 중이었다.
   [마무리를 못한 상황]

TIP

《 읽어 보세요 **현재분사 만드는 법**

ar 규칙동사	걷다 Caminar 동사원형 ↓ Caminando 동사 현재분사형
er 규칙동사	먹다 Comer ↓ Comiendo
ir 규칙동사	쓰다 Escribir ↓ Escribiendo

현재진행형, 과거진행형, 불완료과거 진행형을 정리해보겠습니다.

불완료과거 진행형

현재

과거진행형　　현재진행형

현재진행형	Estar동사 직설법 현재형 + 현재분사
과거진행형	Estar동사 직설법 과거 변형 + 현재분사
불완료과거 진행형	Estar동사 직설법 불완료과거 변형 + 현재분사

Estar '~이다'

	직설법 / 과거 변형	불완료과거 변형
Yo	estuve	estaba
Tú	estuviste	estabas
Él / Usted	estuvo	estaba
Nosotros	estuvimos	estábamos
Vosotros	estuvisteis	estabais
Ellos / Ustedes	estuvieron	estaban

발음 **Estar** [에쓰따르]

에쓰뚜베	에쓰따바
에쓰뚜비쓰떼	에쓰따바쓰
에쓰뚜보	에쓰따바
에쓰뚜비모쓰	에쓰따바모쓰
에쓰뚜비쓰떼이쓰	에쓰따바이쓰
에쓰뚜비에론	에쓰따반

한눈에 배운다!
과거진행형 & 불완료과거 진행형 ②

나는 사과를 먹는 중이었다

현재진행형, 과거진행형, 불완료과거 진행형 예문을 살펴 보겠습니다.

Estar + ando / iendo

현재진행형 나는 무언가 하는 중이다.

Estoy haciendo algo.
└ I am ┘ └ doing ┘ └ something ┘

과거진행형 나는 무언가 하는 중이었다. (지금은 하고 있지 않다.)

Estuve haciendo algo.
└ I was ┘ └ doing ┘ └ something ┘

불완료과거 진행형 나는 무언가 하는 중이었다. (지금까지 하는 중이다.)

Estaba haciendo algo.
└ I was ┘ └ doing ┘ └ something ┘

불완료과거 진행형 예문을 더 살펴보겠습니다.

▶ 내가 도서관에 도착했을 때
그들은 책을 읽고 있었다.

Ellos estaban leyendo un libro
cuando llegué a la biblioteca.
They were reading a book when I arrived at the library.

▶ 네가 도착했을 때
나는 화장실에 있었다.

Yo estaba en el baño
cuando tú llegaste.
I was in the bathroom when you arrived.

TIP

<< 읽어 보세요 **3가지 진행형**

- Yo **estoy viendo** una película ahora.
지금 나는 영화 한 편을 보고 있다.

- Yo **estuve viendo** una película ayer.
어제 나는 영화 한 편을 보고 있었다. (다 봤다)

- Yo **estaba viendo** una película ayer.
어제 나는 영화 한 편을 보고 있었다. (다 못 봤다)

<< 읽어 보세요 **묘사할 때 사용되는 불완료과거 진행형**

- Era viernes, Carlos estaba paseando por el parque y había mucha gente. Hacía buen tiempo.
금요일이었다.
까를로스는 공원을 산책하고 **있었고** 사람이 많았다. 날씨가 좋았다.

따라 말하기

 주어와 시제에 주의하여 빈칸에 알맞은 Estar 동사의 형태를 채워보세요.

1 나는 공부를 하고 있다.

(Yo) (estoy) (estudiando) .

2 그녀는 말을 하고 있다.

(Ella) ( ) (hablando) .

3 우리는 생각을 하고 있다.

(Nosotros) ( ) (pensando) .

4 아이들은 놀고 있다.

(Los niños) ( ) (jugando) .

5 너희들은 달리고 있다.

(Vosotros) ( ) (corriendo) .

6 눈이 오고 있다.

( ) (nevando) .

7 너는 (책을) 읽고 있었다.

(Tú) ( ) (leyendo) .

8 아저씨는 주무시고 계셨다.

(El señor) ( ) (durmiendo) .

9 당신들은 먹고 있었다.

(Ustedes) ( ) (comiendo.) .

10 마르타는 글을 쓰고 있었다.

(Marta) ( ) (escribiendo) .

11 우리는 여행을 하고 있었다.

(Nosotras) ( ) (viajando) .

12 너는 산책을 하고 있었다.

(Tú) ( ) (paseando) .

정답입니다!

① estoy	② está	③ estamos	④ están	⑤ estáis
⑥ Está	⑦ estabas	⑧ estaba	⑨ estaban	⑩ estaba
⑪ estábamos	⑫ estabas			

우리는 현재진행형, 과거진행형, 불완료진행형 에서
현재분사를 사용했습니다.
또 자주 현재분사가 자주 사용되는 문형을 배워보겠습니다.

Estar + ando / iendo   ~하고 있다
be ~ing

나는 지금 운동을 하기 위해 헬스클럽에 가고 있다.

Yo ahora estoy yendo **al gimnasio
para hacer ejercicio.**

내가 식당에 도착했을 때 그들은 이미 저녁을 먹고 있었다.

**Cuando (yo) llegué al restaurante
(ellos) ya** estaban cenando.

Seguir + ando / iendo   계속 ~하다
Continuar + ando / iendo
still / keep ~ing

우리는 계속 스페인어를 배우고 싶다.

(Nosotros) queremos seguir estudiando
el español.

너는 왜 영어 공부를 계속 안 했어?

¿Por qué no seguiste estudiando **el inglés?**

동사 + ando / iendo   ~하면서 ~한다
do something ~ing

나는 음악을 들으면서 운동하는 것을 좋아한다.

Me gusta hacer **ejercicio** escuchando **música.**

ando / iendo   ~하면 ~한다
if do

열심히 일하면, 나는 승진할 수 있을 것이다.

Trabajando **duro, voy a poder ser ascendido.**

<< 읽어
보세요   **기타 현재분사 구문**

● Llevar + 기간 + 현재분사
  ~한지 얼마나 되었다

Llevo 10 años estudiando español.
나는 스페인어 공부를 한 지 10년이 되었다

¿Cuánto tiempo llevas viviendo
en Seúl?
서울에 산 지 얼마나 되셨어요?

<< 읽어
보세요   **Seguir 동사의
현재, 과거시제 형태변화**

Seguir [쎄기르] : 뒤를 따르다

	현재시제	단순과거
Yo	sigo	seguí
Tú	sigues	seguiste
Él / Usted	sigue	siguió
Nosotros	seguimos	seguimos
Vosotros	seguís	seguisteis
Ellos / Ustedes	siguen	siguieron

	ar 동사	er 동사	ir 동사
현재분사 Gerundio	**Camin**ar 걷다 동사원형 ↓ **Camin**ando 동사 현재분사형	**Com**er 먹다 ↓ **Com**iendo	**Escrib**ir 쓰다 ↓ **Escrib**iendo

규칙

계속 ~하다	자다	할 수 있다	오다
Seguir ↓ **Sigu**iendo	**Dorm**ir ↓ **Durm**iendo	**Pod**er ↓ **Pud**iendo	**Ven**ir ↓ **Vin**iendo

불규칙

죽다	요청하다	입다	선호하다
Morir ↓ **Mur**iendo	**Ped**ir ↓ **Pid**iendo	**Vest**ir ↓ **Vist**iendo	**Prefer**ir ↓ **Prefir**iendo

말하다	반복하다	제공하다	믿다
Decir ↓ **Dic**iendo	**Repet**ir ↓ **Repit**iendo	**Serv**ir ↓ **Sirv**iendo	**Cre**er ↓ **Cre**yendo

	ar 동사	er 동사	ir 동사
과거분사 Participio	**Habl**ar 말하다 동사원형 ↓ **Habl**ado 과거분사형	**Com**er 먹다 ↓ **Com**ido	**Viv**ir 살다 ↓ **Viv**ido

규칙

놓다	돌아오다(가다)	죽다	열다
Poner ↓ **P**uesto	**Volv**er ↓ **V**uelto	**Mor**ir ↓ **M**uerto	**Abr**ir ↓ **Ab**ierto

불규칙

말하다	하다	읽다	듣다
Decir ↓ **D**icho	**Hac**er ↓ **H**echo	**Le**er ↓ **Le**ído	**O**ír ↓ **O**ído

믿다	보다	가지고 오다	쓰다
Creer ↓ **Cre**ído	**V**er ↓ **V**isto	**Tra**er ↓ **Tra**ído	**Escrib**ir ↓ **Escrit**o

스페인어에서 미래를 표현하는 방법은 두 가지가 있습니다.
그중 첫 번째입니다.
ir 동사 현재형 + a + 동사원형 형식으로 표현하시면 됩니다.

이 방식은 가까운 미래의 계획을 나타낼 때 사용합니다.

▶ 나는 내년에 대학에 갈 예정이다.

(Yo) voy a ir **a la universidad**
  └ going ┘   └ to the university ┘
    to go
          el próximo año.
          └ next year ┘

ir 동사의 현재형 변형은 아래와 같습니다.

ir '가다'

Yo	voy
Tú	vas
Él / Usted	va
Nosotros	vamos
Vosotros	vais
Ellos / Ustedes	van

동사원형
+ a + comer

: ~ 먹을 것이다

<< 읽어보세요 **Will & Be going to**

영어에서는 두 가지 형식으로 미래를 표현하곤 합니다. 바로 will이나 be going to를 사용하는 것이죠. 영어를 배우신 분들은 이 둘의 미묘한 차이를 알고 있겠죠. 신기하게도 스페인어도 두 가지 미래 표현법을 가지고 있고, 심지어 모양새마저 비슷합니다. 사용법도 비슷하지만, 스페인어에서는 미래형동사가 영어와는 달리 일상회화에서 자주 사용되지 않습니다.

<< 읽어보세요 **조동사 연습**

미래를 ir + a + 동사원형으로 표현하는 방법은 조동사 문장 만드는 방법과 비슷합니다.

● 나는 스페인어를 할 수 있어.

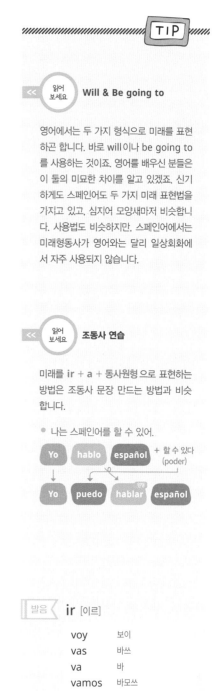

발음 **ir** [이르]

voy	보이
vas	바쓰
va	바
vamos	바모쓰
vais	바이쓰
van	반

스페인어에는 미래를 말하는 방법이 한 가지 더 있습니다.
미래에 해당하는 동사의 시제를 이용하는 것입니다.
이것을 단순미래라고 부르기도 합니다.
먼저 동사의 미래형 만드는 법을 살펴보겠습니다.
여기서는 -ar, -er, -ir 구분 없이 다 같은 접미사를 붙여주면 됩니다.

▶ 나는 사과를 먹을 거야.

Yo comeré una manzana.
       eat의
       미래형

<< 읽어 보세요 **단순미래 변형은...**

단순미래를 제외한 시제는
ar, er, ir 을 지우고 변합니다.
그리고 ar, er, ir 변형이 모두 다르죠.

단순미래 시제는
ar, er, ir 뒤에 어미가 추가됩니다.
그리고 ar, er, ir 변화 방법이 똑같죠.

규칙(ar, er) ···· Comprar '사다'   Comer '먹다'

	Comprar	Comer
Yo	compraré	comeré
Tú	comprarás	comerás
Él / Usted	comprará	comerá
Nosotros	compraremos	comeremos
Vosotros	compraréis	comeréis
Ellos / Ustedes	comprarán	comerán

발음 **Comprar** **Comer**
[꼼쁘라르] [꼬메르]

꼼쁘라레	꼬메레
꼼쁘라라쓰	꼬메라쓰
꼼쁘라라	꼬메라
꼼쁘라레모쓰	꼬메레모쓰
꼼쁘라레이쓰	꼬메레이쓰
꼼쁘라란	꼬메란

불규칙 ········ Decir '말하다'   Tener '가지고 있다'

	Decir	Tener
Yo	diré	tendré
Tú	dirás	tendrás
Él / Usted	dirá	tendrá
Nosotros	diremos	tendremos
Vosotros	diréis	tendréis
Ellos / Ustedes	dirán	tendrán

발음 **Decir** **Tener**
[데씨르] [떼네르]

디레	뗀드레
디라쓰	뗀드라쓰
디라	뗀드라
디레모쓰	뗀드레모쓰
디레이쓰	뗀드레이쓰
디란	뗀드란

미래를 표현할 때, 단순미래보다는 앞에서 배운
ir동사 현재형 + a + 동사원형을 더 많이 사용합니다.
단순미래는 대부분의 일상 회화에서는 자주 사용하지 않고,
뉴스나 기사 또는 책에서 자주 볼 수 있습니다.
하지만, 다음 5가지 경우에는 단순미래를 자주 사용합니다.

1 추측할 때

▶ 비가 올까?

¿Lloverá?

2 약속할 때

▶ 너에게 전화하는 것을 잊지 않을게.

(Yo) no me olvidaré de llamarte.
└ forget to ┘ └ call you ┘

3 자발적인 결정을 할 때

▶ 낮잠을 자야 할 것 같다.

(Yo) creo que tomaré una siesta.
└ will ┘ └ a nap ┘
take

4 미래에 대한 희망을 말할 때

▶ 언젠가 나는 시골에 아름다운 집을 가질 것이다.

Un día (yo) tendré una bella casa
└ will ┘
have
en el campo.
└ in the country ┘

5 협박할 때, 경고할 때

▶ 그는 그가 한 일에 대한 대가를 치를 거야.

Él pagará por lo que hizo.
└ will ┘ └ he ┘
pay did

TIP

<< 읽어
보세요 **단순미래 불규칙은 12개뿐**

Tener Tendr → 가지다
La casa tendrá dos baños.

Venir Vendr → 오다
Ella vendrá mañana.

Poner Pondr → 놓다
Pondrán manzanas en la mesa.

Poder Podr → 할 수 있다
Podremos hacerlo.

Saber Sabr → 알다
El profesor lo sabrá.

Decir Dir → 말하다
Nos dirán la verdad.

Querer Querr → 원하다
Querrá vivir en una casa grande.

Haber Habr → 있다
Habrá mucha gente.

Hacer Har → 하다
Haremos la tarea rápidamente.

Caber Cabr → 용량이 있다
En el armario cabrá mucha ropa.

Valer Valdr → 가치가 있다
Valdrá la pena aprenderlo.

Salir Saldr → 나가다
Saldréis a las ocho.

<< 읽어
보세요 **2, 3, 4, 5번은 ir + a + 동사원형
으로 사용해도 됩니다.**

1번, 추측할 때를 제외한 나머지 경우에는
ir + a + 동사원형 문장을 사용해도 됩니다.

형용사

Próximo
[쁘록씨모]
다음의, 오는

내년에 나는 대학에 들어갈 거야.
El próximo año entraré en la universidad.
└ the next year ┘ └ enter의 미래형 ┘ └ to the university ┘

Siguiente
[씨기엔떼]
다음의, 나중의

다음 경기에서는 내가 이길 거야.
Yo voy a ganar el siguiente partido.
└ going to win ┘└ the next game ┘

부사

Después
[데쓰뿌에쓰]
뒤에, 나중에

다음에 우리 쇼핑하러 갈 거야.
Después vamos a ir de compras.
└ Later ┘└ we are going to go ┘└ shopping ┘

Luego
[을루에고]
뒤에, 후에

나중에 전화할게.
Luego te llamaré.
└ later ┘└ call의 미래형 ┘

Más tarde
[마쓰 따르데]
좀 더 뒤에, 나중에

좀 뒤에 식사할게요.
Más tarde voy a comer.
└ later ┘└ going to eat ┘

전치사

Después de
[데쓰뿌에쓰 데]
~후에

2년 후엔 세계 일주를 할 거야.
Después de dos años viajaré por el mundo.
└ after ┘└ 2 years ┘ travel의 미래형 └ around the world ┘

A partir de
[아 빠르띠르 데]
~부터

내년부터 그들은 일을 시작할 거야.
A partir del año que viene
└ from ┘└ year that comes ┘

van a empezar a trabajar.
└ going to start ┘└ to work ┘

미래로
쓰이는 현재형

앞서 미래를 말할 수 있는 두 가지 방법을 공부했습니다.
미래를 말하는 방법이 한 가지 더 있습니다. 너무 놀라지 마세요.
이미 우리가 알고 있는 내용입니다. 그냥 현재형을 사용하면 됩니다.
아래의 두 가지 상황과 조건에서 현재형을 사용해 미래를 말할 수 있습니다.

첫 번째는

미래의 사건에 대해 가능성이 아닌 확신을 나타낼 때 사용될 수 있습니다.
다시 말해 그 일이 실행될 것에 대해 의심의 여지가 없을 때 사용됩니다.
이때에는 주로, 시간을 나타내는 부사와 함께 사용됩니다.

▶ 3개월 후에, 난 스페인으로 여행 간다. → 결심의 구체화

En tres meses, viajo a España.
└ in three months ┘ └ travel to spain ┘

▶ 바로 돌아올게. → 바로 실행될 미래

Enseguida vuelvo.
└ immediately ┘ └ come ┘
back

▶ 내일은 내 생일이야. → 주기적으로 되풀이되는 미래의 사건

Mañana es **mi cumpleaños.**
└tomorrow┘ └is┘ └ my birthday ┘

두 번째는

아래와 같은 동사들과 함께 쓰일 때입니다.

Pensar + 동사원형 → 미래에 대한 의향을 표현

▶ 나는 서른 살에 결혼할 생각이야.

Pienso casarme **a los treinta años.**
└ I think ┘ └ marry ┘└ at thirty ┘└ years ┘

Querer + 동사원형 → 미래에 대한 소망을 표현

▶ 나는 다음 주에 영화관에 가고 싶어.

Quiero ir **al cine la semana que viene.**
└ I want ┘ └go┘ └ to the ┘ └ the coming week ┘
theater

TIP

<< 읽어
보세요 **Estar a punto de + 동사원형**

Estar 동사와 함께 a punto de (is
about to) + 동사원형을 사용하면 즉시
일어날 미래를 표현할 수 있습니다.

● La película
está a punto de empezar.
└ start ┘
영화가 시작하기 바로 직전이야.

주의
Flex 시험을 대비하는 경우라면,
Estar para + 동사원형으로
표현하셔야 합니다.

● La película
está para empezar.

한눈에 배운다!
가정미래

~하면
~할 텐데

우리는 미래에 할 일이나 일어날 일에 대해 말하기도 하지만,
어떤 조건이 충족되었을 때 미래에 일어날 일을 가정하거나,
현재나 과거의 상황을 반대로 가정해보기도 합니다.
이때 쓰는 시제가 바로 '가정미래'입니다.
다음 3가지 경우에 가정미래시제를 사용합니다.

1 미래의 일을 가정할 때

▶ 내일 파티에 네가 온다면 나도 갈 텐데.

Si vienes a la fiesta mañana, yo iría también.

└ if you come to the party ┘ └ I would go too ┘

2 현재의 상황을 반대로 가정할 때

▶ 날 수 있다면 오늘 더 빨리 도착할 수 있을 텐데.

Si pudiera volar, hoy llegaría más rápido.

└ if I could fly ┘ └ I would arrive more quickly ┘

3 과거의 상황을 반대로 가정할 때

▶ 작년에 시간이 많았다면 다른 나라들로 여행을 갔을 텐데.

Si hubiera tenido mucho tiempo el año pasado,

└ if I had a lot of time ┘

habría viajado a otros países.

└ I would have travelled
to other countries ┘

 TIP

<< 읽어
보세요 **현재, 과거, 미래의 가정**

가정을 한다는 건 '만약 ~라면'의 상황을 떠올려보는 것인데요. 그렇기 때문에 영어의 If처럼 스페인어의 Si라는 접속사를 사용하게 됩니다. 왼쪽의 예문을 순서대로 정리해보면 문장 구조는 다음과 같습니다.

● 미래 가정
  Si 직설법현재, 가정미래
  "미래에 ~하면 ~할 텐데"

● 현재 가정
  Si 접속법과거, 가정미래
  "현재 ~하면, ~할 텐데"

● 과거 가정
  Si 접속법과거완료, 가정미래완료
  "과거에 ~했다면, ~했을 텐데"

규칙(ar, er) ···· Comprar '사다'   Comer '먹다'

	Comprar '사다'	Comer '먹다'
Yo	compraría	comería
Tú	comprarías	comerías
Él / Usted	compraría	comería
Nosotros	compraríamos	comeríamos
Vosotros	compraríais	comeríais
Ellos / Ustedes	comprarían	comerían

<< 읽어
보세요 **가정미래 변형은...**

가정미래시제는 단순미래와 마찬가지로 ar, er, ir 뒤에 어미가 추가됩니다. 그리고 ar, er, ir는 변화 방법이 똑같죠. 불규칙변화를 하는 동사도 단순미래시제와 변화하는 방식이 똑같습니다.

1 뭐 하고 있었어?

 TIP

 Roberto

Hola, Clara. / ¿Qué / estabas haciendo?
Hi, Clara. / What / were you doing?

 Clara

Hola, Roberto. / Estaba hablando / con José.
Hi, Roberto. / I was talking / with José.

 Roberto

¿De veras? / ¿Qué / está haciendo José / estos días?
Really? / What / is doing Jose / these days?

 Clara

Está aprendiendo / coreano / y /
(He) Is learning / Korean / and /

dice que / es muy difícil.
says that / it is very difficult.

 Roberto

Ya veo, / aprender un idioma / no es / nada fácil. ◀
Already see, / learning a language / not is / at all easy.

¿Y tú / cómo estás?
And you? / how are you?

 Clara

Por suerte, / estoy muy bien.
Because of luck, / I'm very good.

He encontrado / un nuevo / puesto de trabajo.
I have found / a new / job.

 Roberto

¡Felicidades! / ¿De qué / trabajas?
Congratulations! / Of what / do you work?

Nada (전혀)
정도를 나타내는 부사

① 부정적인 의미
···▶ **No es** 　　　 **형용사**
• 전혀: nada

② 긍정적인 의미
···▶ **Es** 　　　 **형용사**
• 아주 조금: poco
• 조금: un poco
• 꽤: bastante
• 매우: muy
• 너무: demasiado

R : 안녕, 끌라라. 뭐 하고 있었어?
C : 안녕, 로베르또. 호세랑 이야기 중이었어.
R : 그래? 요즘 호세 뭐 하고 지내?
C : 한국어 배우고 있는데 너무 어렵대.
R : 그렇구나, 언어를 배운다는 것은 전혀 쉽지 않지.
　　 너는? 잘 지내고 있어?
C : 다행히 너무 잘 지내고 있지.
　　 새로운 일자리를 찾았어.
R : 축하해! 무슨 일하고 있어?

A ver... ¿Dónde voy a trabajar?
Let's see... Where am I going to work?
보자... 어디서 일하지?

Clara

Estoy trabajando / de profesora de español /
I'm working / as teacher of Spanish /

en una academia.
in an academy.

Roberto

¡Qué bien! / Y, / ¿dónde está / la academia?
What good! / And, / where is / the academy?

Clara

Está / cerca de mi casa. /
(It) is / near my house. /

por eso / siempre / voy al trabajo / caminando.
so / always / (I) go to work / walking.

Roberto

¿Cuánto tiempo hace que / estás trabajando / allí?
How long ago that / you are working / there?

Clara

Unas 2 semanas.
About 2 weeks.

¿Y tú? / ¿Qué estás haciendo / estos días?
And you? / What are you doing / these days?

Roberto

Yo sigo traduciendo / como siempre.
I'm still translating / as always.

Clara

¡Veo que / sigues trabajando / duro!
(I) see that / you are still working / hard!

C : 학원에서 스페인어 강사로 일하고 있어.
R : 잘됐네! 그래서, 학원은 어디에 있는데?
C : 집 근처야. 그래서 항상 직장까지 걸어서 가.
R : 거기서 일한 지 얼마나 돼 가?
C : 2주 정도.
　　너는? 요즘 뭐 하고 지내?
R : 나는 항상 그랬듯이 계속 번역 중이지.
C : 여전히 열심히 일하고 있군!

Estoy trabajando de

'일하다'를 뜻하는 스페인어 단어는
trabajar입니다. 직업을 나타내는 동사는
ser라고 배웠습니다. 그런데 본 예문처럼
trabajar 동사를 de라는 전치사와 함께 쓰면
'일시적으로 ~로 일하다'라는 뜻이 됩니다.

Caminando (걸어서)

'걸어서'를 뜻하는 여러 표현들
- caminando
- andando
- a pie

Hace (기간) **que** (동사)

: ~한 지 얼마나 되다
어떤 일을 시작한 후 시간이 얼마나 흘렀는지
를 이야기할 때 'Hace 기간 que 동사' 구문
을 활용할 수 있습니다.

Hace 2 años que me gradué.
It has been 2 years since I graduated.
졸업한 지 2년이 되었군.

2 지난 주말에 뭐 했어?

¿Qué / hiciste / el fin de semana / pasado?
What / did you do / the weekend / last?

Estuve en casa / descansando. / ¿Tú / qué hiciste?
(I) was at home / resting. / You? / What did you do?

El sábado / fui / al parque de atracciones.
The Saturday / (I) went / to the theme park.

¿Lo / pasaste bien?
It / did you spend time well?

Sí, / lo pasé / muy bien.
Yes, / I spent (it) / very well.
Había / mucha gente, / pero / fue / muy divertido.
There were / many people, / but / (it) was / very fun.

¡Qué envidia! / Yo no pude / hacer nada /
What envy! / I could not / do nothing /
porque / estaba muy cansada.
because / I was very tired.

¿Tuviste / mucho trabajo / durante / la semana?
You had / many work / during / the week?

Muchísimo. / creo que / dormí / casi / todo el día.
Too much. / (I) think that / (I) slept / almost / all the day.

C : 지난 주말에 뭐 했어?
Y : 집에서 쉬었어. 너는 뭐 했어?
C : 토요일에 놀이공원 갔어.
Y : 좋은 시간 보냈어?
C : 응, 너무 좋은 시간을 보냈어.
　　사람이 많았지만, 재밌었어.
Y : 부럽다! 나는 너무 피곤해서 아무것도 못 했어.
C : 일주일 동안 일이 많았어?
Y : 너무 많았어. 거의 하루 종일 잔 것 같다.

TIP

Pasado (지난)
형용사는 명사에 성과 수를 일치시켜야 한다고 배웠는데 Semana 는 여성명사 아닌가요? 물론 여성명사가 맞습니다. 하지만 여기서 Pasado 가 수식하는 명사는 Semana 가 아닌 '주말', 즉 El fin de semana 이기 때문에 남성단수의 형태를 써야 하는 것입니다.

Fui - ser 동사? ir 동사?
ser (이다) 동사와 ir (가다) 동사는 단순과거 시제에서 똑같은 형태로 변화합니다. 따라서 앞뒤 맥락과 어울려 쓰인 단어를 보며 어떤 의미로 쓰인 건지 파악하는 게 중요합니다.

Pasarlo bien / Mal
생소한 표현이죠? '시간을 잘/못 보내다'라는 뜻의 관용표현입니다. 여기서 Lo는 아무 의미도 없고 대신하는 명사도 없어요. 그냥 통째로 외우시고, 동사만 주어의 인칭과 수에 맞게, 알맞은 시제로 써주시면 됩니다.

Nos lo pasamos genial, ¿verdad?
We had such a good time, right?
우리 시간 너무 잘 보냈다, 그치?

Carolina

Siempre / tienes / demasiado / trabajo.
Always / (you) have / too much / work.

Yoomin

Sí, / pero / esta semana / no tanto.
Yes, / but / this week / not that much.

Carolina

Entonces, / ¿qué / vas a hacer / este fin de semana?
Then, / what / are (you) going to do / this weekend?

Yoomin

Estoy pensando en / ir al cine / o / ir de compras.
(I) am thinking of / go to the theater / or / go shopping.

¿Quieres ir / conmigo?
(Do you) want to go / with me?

Conmigo (나와 함께)

전치사 Con은 '나' 혹은 '너'와 결합할 때 Conmigo, Contigo라는 예외적인 형태를 갖습니다. 각각 '나와', '너와'라는 뜻입니다.

Carolina

Claro que sí. / Prefiero / ir al cine.
Of course yes. / I prefer / to go to the theater.

¿Cuál / fue / la última película / que / viste?
Which / was / the last movie / that / (you) saw?

Yoomin

¡La verdad es que / ni / me acuerdo!
The truth is that / (I) don't even / (I) remember!

C : 너는 항상 일이 너무 많다.
Y : 응, 근데 이번 주는 그렇게 많지 않아.
C : 그럼, 이번 주말에는 뭐 할 거야?
Y : 영화관에 가거나 쇼핑할 생각이야.
　　나랑 같이 갈래?
C : 당연하지. 영화관에 가는 게 더 좋다.
　　마지막으로 본 영화가 어떤 거야?
Y : 솔직히, 기억도 안 난다!

¿Qué películas
podemos ver estos días?
What movies can we watch these days?
요즘 영화 뭐 있지?

3 어디에 있는지 알아?

Leticia

Andrés, / ¿sabes / dónde está / Miguel?
Andres, / (do you) know / where is / Miguel?

Andrés

No estoy seguro, / ¿no estará / en la biblioteca?
(I) not am sure / won't (he) be / in the library?

Leticia

Cuando / pasé por / la biblioteca, / no estaba.
When / (I) past by / the library, / (he) wasn't.

Andrés

Entonces, / debe estar / en clase.
Then, / (he) must be / in class.

¿Por qué no / le mandas / un mensaje?
Why don't / (you) him send / a message?

Leticia

Ayer / me dijo que / hoy / no tiene clase.
Yesterday / (to) me (he) said that / today / (he) doesn´t have class.

Andrés

¡Qué raro!
What weird!

Esta mañana / lo he visto / en la universidad.
This morning / him (I) have seen / in the university.

Leticia

Mejor / voy a / llamarlo. / Gracias / de todos modos.
Better / (I) am going to / call him. / Thank you / anyway.

L : 안드레스, 미겔이 어디에 있는지 알아?
A : 확실하지 않아, 도서관에 있지 않을까?
L : 내가 도서관을 지나갔을 때, 그는 없었어.
A : 그럼, 수업에 있겠다.
　　문자를 보내는 게 어때?
L : 어제 나한테 오늘 수업 없다고 말했어.
A : 이상하다!
　　오늘 아침에 학교(대학교)에서 봤어.
L : 차라리 전화해야겠다. 암튼, 고마워.

TIP

Estará

Estar의 미래시제로 현재에 대한 추측을 나타낼 수 있습니다. 즉, '있다'가 아니라 '있을 것이다'의 의미를 갖는 것이죠.

¿Habrá faltado
clase e ido a su casa?
Would he have
skipped class and went home?
수업 빼지고 집에 간 건가?

④ 바꾸고 싶어요.

Sofía
Buenas tardes. / ¿qué buscaba?
Good afternoon. / what (you) looked for?

Javier
Buenas tardes. / quería / cambiar /
Good afternon. / (I) wanted / to change /
esta camisa / que / me regalaron.
this shirt / that / to me (they) gave

Sofía
¿Tiene / el recibo / de compra?
Do you have / the receipt / of purchase?

Javier
Aquí tiene. / Me lo probé / y / me quedaba /
Here (you) have. / (I) it tried / and / to me it fits /
un poco / grande.
a little bit / big.

Sofía
En este momento / no tenemos / una talla /
In this moment / (we) don't have / a size /
más pequeña.
more small.

Javier
¿Cuándo / tendrán?
When / (you) will have?

S : 안녕하세요. 뭐 찾고 계셨나요?
J : 안녕하세요. 제가 선물 받은 셔츠를 바꾸고 싶어서요.
S : 영수증 갖고 계세요?
J : 여기 있습니다. 입어봤는데 조금 크더라고요.
S : 지금은 더 작은 사이즈가 없습니다.
J : 언제 있을까요?

TIP

Probarse (입어보다)

Probar동사는 여러 뜻을 가진 동사입니다.
영어와 비교하면 **Try**와 비슷해요.

• Probar + 음식 : 먹어보다
• Probarse + 옷 : 입어보다

¿Qué me pongo hoy?
What should I wear today
오늘 뭐 입지?

Sofía

Creo que / llegará / la próxima semana.
(I) think that / (it) will arrive / the next week.

 Javier

De acuerdo. / Entonces, / volveré /
Alright. / Then, / (I) will come back

la semana que viene. / Gracias.
the week that comes. / Thanks.

 Sofía

No hay / de qué. / Hasta pronto.
There is not / about what. / Until soon.

> S : 다음 주에 도착할 것 같습니다.
> J : 알겠습니다. 그럼, 다음 주에 다시 올게요. 감사합니다.
> S : 별말씀을요. 다음에 봐요.

 5 어렸을 때 하곤 했었지.

 Lucas

¡Mira! / Aquellos niños / están jugando / al Tateti.
Look! / Those kids / are playing / to Tic Tac Toe.

¿Lo recuerdas?
(Do you) it remember?

 Miguel

¡Por supuesto! / Cuando / éramos niños /
Of course! / When / (we) were kids /

solíamos / jugarlo / en el recreo.
(we) used to / play it / in the break.

 Lucas

¡Tienes razón! / También / jugábamos / a la mancha.
(You) have reason! / Also / (we) used to play / to the tag.

¡Qué bonito recuerdo!
What beautiful memory!

> L : 봐봐! 저 아이들 틱택토(놀이) 하고 있다. 기억나?
> M : 당연하지! 우리 어렸을 때 쉬는 시간에 하곤 했었지.
> L : 맞아! 우리 술래잡기도 했었잖아. 너무 예쁜(좋은) 추억이다!

 TIP

La semana que viene (다음 주)

직역하면 '다가오는 주', 즉 다음 주를 말하는 표현입니다. 위에서 소피아가 말한 La próxima semana와 같은 의미를 갖습니다. 스페인어에서는 같은 어휘가 반복해서 나오는 걸 선호하지 않기 때문에, 가능하면 같은 말도 여러 가지 방식으로 바꾸어서 말합니다.

No hay de qué. (별말씀을요)

영어에서처럼 스페인어를 사용하는 사람들도 고맙다는 말을 들으면 괜찮다, 아니다 이런 말을 대답으로 합니다. 그 때 쓰는 말이 두 가지가 있어요. 아래 두 표현 모두 영어의 'You're welcome.'에 해당하는 말입니다.

- No hay de qué.
- De nada.

Tateti (틱택토)

틱택토는 종이에 빙고판처럼 3×3 상자를 그려놓고, 두 명이 번갈아가며 O와 X를 표시해 먼저 한 줄을 만드는 사람이 이기는 게임입니다. 한 줄에 세 개라서 Tres en raya라고도 합니다.

> ¡Yo gané!
> I won!
> 내가 이겼다!

 ¿Seguirán jugando / **a la mancha** / **los niños** /
Will (they) still playing / to the tag / the kids /

de hoy en día?
of nowadays?

 No creo. / **porque** / **ahora** / **suelen jugar** / **juegos en línea.**
(I) don't think (so). / because / now / (they) used to play / games online.

 ¡Qué pena!
What shame!

> M : 요즘 아이들도 여전히 술래잡기를 하고 있을까?
> L : 아닐 거야. 요즘엔 온라인 게임을 주로 하니까.
> M : 안타깝네!

6 **무슨 일 있었대?**

 ¿Saliste / **anoche?**
(You) went out / last night?

 Sí, / **tuve una reunión** / **de amigos** / **de la secundaria.**
Yes, / I had a meeting / of friends / of the middle school.

 ¡Con razón! / **Te llamé** / **como** / **cinco veces.**
With reason! / To you (I) called / like / five times.

 Sí, lo sé. / **Es que** / **cuando** / **me llamaste,**
Yes, it (I) know. / Is that / when / to me (you) called,

tenía el celular / **en el bolsillo.**
(I) had the phone / in the pocket.

> C : 어젯밤에 나갔어?
> F : 응, 중학교 친구들이랑 모임 있었어.
> C : 어쩐지! 5번 정도 전화했어.
> F : 응, 알아. 그게, 네가 나한테 전화했을 때,
>   내 핸드폰이 주머니에 있었어.

La mancha (술래잡기)

라만차는 우리나라의 술래잡기처럼, 한 명이 술래가 되어서 다른 친구들을 잡고, 잡힌 사람이 다시 술래가 되는 식으로 하는 놀이입니다.

> No quiero estudiar!
> I don't want to study!
> 공부하기 싫어!

Secundaria (중학교)

우리나라에도 초등학교, 중학교, 고등학교가 있죠? 스페인어를 사용하는 나라들도 그렇습니다. 각 학교를 나타내는 표현을 알아보아요.

- 유치원 **Jardín de infantes**
- 초등학교 **Primaria**
- 중학교 **Secundaria**
- 고등학교 **Bachillerato**
- 대학교 **Universidad**

Carlos

No pasa nada. / ¿Lo pasaste bien?
Not happens nothing. / It (you) spent well?

Federico

La verdad es que sí.
The truth is that yes.

Y tú, / ¿qué / estabas haciendo / cuando / me llamaste?
And you, / what / were (you) doing / when / to me (you) called?

Carlos

Estaba viendo / una película en casa,
(I) was watching / a movie in home,

hasta que Alejandro / me vino a visitar / a casa.
until that Alejandro / to me came to visit / to home.

Federico

¿Qué / le / pasó?
What / to him / happened?

Carlos

Estaba mal / porque / peleó / con su novia /
(He) was bad / because / (he) fought / with his girlfriend /

y quería hablar / con alguien.
and (he) wanted to talk / with someone.

Federico

Ah, / ¿por eso / me llamaste?
Ah, / because of that / to me (you) called?

Carlos

Sí, / quería saber / si querías venir / para tomar ◄
Yes, / (I) wanted to know / if (you) wanted to come / to drink /

unas cervezas con nosotros.
some beers with us.

Tomar (취하다)

tomar 동사는 영어의 take와 가장 비슷한 동사입니다. 무엇을 마신다는 뜻도 되고, 필기를 한다는 뜻도 되고, 교통수단을 탄다고 할 때도 사용할 수 있는 만능 동사입니다.

Federico

¡Qué lástima! Y, / ¿ya / se reconcilió / con su novia?
What shame! / And, / already / (he) reconciled / with his girlfriend?

C : 괜찮아. 좋은 시간 보냈어?
F : 응. (잘 보냈어).
　　너는 나한테 전화했을 때 뭐 하고 있었어?
C : 알레한드로가 우리 집으로 오기 전까지는 영화 한 편 보고 있었어.
F : 무슨 일 있었대?
C : 여자친구랑 싸워서 기분이 안 좋아서 누구랑 이야기하고 싶었대.
F : 아, 그래서 나한테 전화했던 거야?
C : 응, 우리랑 맥주 마시러 오고 싶은지 알고 싶었어.
F : 아쉽네! 그래서, 여자친구랑 화해했대?

 Carlos
Afortunadamente, sí. / Todo / volvió / a la normalidad.
Fortunately, yes. / Everything / came back / to the normally.

 Federico
¡Menos mal!
Less bad!

C : 다행히도, 맞아. 모든 것이 정상으로 돌아갔어.
F : 다행이네.

7 이미 다 계획되어 있어.

 Natalia
¿Cuándo / era / el cumpleaños / de Daniela?
When / was / the birthday / of Daniela?

 Julia
Si no me equivoco, / es el catorce de julio.
If not I am wrong, / is the fourteen of july.

¿Algún plan?
Any plan?

 Natalia
El año pasado / no pudimos / celebrar su cumpleaños,
The last year / not (we) could / celebrate her birthday,

¿qué te parece / si esta vez /
what do you think / if this time /

le hacemos una fiesta sorpresa?
to her we do a party surprise?

 Julia
¡Yo había pensado / en / lo / mismo!
I had thought / in / the thing / same!

¿A quiénes / invitamos?
To who / (we) invite?

N : 다니엘라 생일이 언제였지?
J : 내가 틀리지 않았다면, 7월 14일이야.
　　뭐 계획 있어?
N : 작년에는 그녀의 생일 파티를 못 했으니까,
　　이번엔 깜짝파티를 해주는 게 어떨까?
J : 나도 같은 생각 했어!
　　누구누구 초대할까?

El catorce de julio (7월 14일)

한국어로 날짜를 말할 땐 년-월-일 순서입니다. 하지만 스페인어에서는 거꾸로 일-월-년 순으로 말합니다. 예를 들어볼까요?

2023년 8월 4일
···▶ El cuatro de agosto de 2023

Hoy es jueves 24 de agosto.
Today is Thursday, August 24.
오늘은 8월 24일 목요일이야.

Natalia

A todos del grupo.
To everyone of the group.

Ya tengo / todo planeado, / ya lo verás.
Already (I) have / everything planned, / soon it (you) will see.

Julia

¡Eres una genia! / No será fácil / organizar /
(You) are a genious! / (it) not will be easy / organize /

una fiesta sorpresa, / pero valdrá la pena.
a party surprise, / but will be worth it.

Natalia

¡Les / diré / a los chicos / que pronto /
To them / (I) will say / to the guys / that soon /

nos reuniremos / para / hablar de esto!
(we) will meet / in order to / talk about this!

N : 우리 그룹 전부 다.
　　이미 다 계획되어 있어. 곧 알게 될 거야.
J : 천재다! 깜짝파티 준비하는 건 쉽지 않겠지만, 그럴 가치가 있을 거야.
N : 애들한테 조만간 이것에 대해 이야기하러 모일 거라고 말해야겠다!

El regalo es amor.
Gifts are love.
선물은 사랑입니다.

---

⑧ 식당에 못 갈 것 같아.

Carolina

Lucía, / ¿qué / piensas / hacer mañana?
Lucía, / what / (you) think / do tomorrow?

Lucía

Aún / no tengo / planes.
Yet / (I) don't have / plans.

Carolina

¿No ibas / a salir / con tu esposo?
Not were (you) going / to go out / with your husband?

C : 루시아, 내일 뭐 할 생각이야?
L : 아직 계획이 없어.
C : 남편이랑 데이트한다고 하지 않았어?

Mañana (내일/오전)

이 단어는 부사로 쓰일 때도 있고, 명사로 쓰일 때도 있어요. **부사**로 쓰이면 '**내일**', **명사**로 쓰이면 '**오전**'을 뜻합니다.

어떻게 구분하냐고요? 명사로 쓰일 땐 관사가 같이 쓰인다는 걸 기억해 주세요. 그럼 '내일 오전'은 어떻게 말할까요?

정답은 **Mañana por la mañana**입니다.

Sí, íbamos / a ir / al restaurante / que /
Yes, (we) were going / to go / to the restaurant / that /

nos recomendó David, / pero creo que /
us recommended David, / but (I) think that /

no vamos a poder.
(we) are not going to can.

¿Por qué no? / Me contaron que / en ese restaurante /
Why not? / (People) told me that / in that restaurant /

siempre hay mucha gente / porque /
always there are many people / because /

sirven muy rica comida.
(they) serve very delicious food.

Exacto, / pero / me olvidé / de hacer la reserva.
Exactly, / but / (I) forgot / to do the reservation.

¡Vaya! / Si no, / ¿qué te parece / si hacemos /
Oh no! / If not, / what do you think / if we do /

una cena / en mi casa / con mi esposo / también?
a dinner / in my house / with my husband / also?

¡Claro! / ¡Siempre / he querido / conocer tu casa!
Sure! / Always / (I) have wanted / to know your house!

Perfecto, / entonces / os espero / hasta las ocho.
Perfect, / then / you guys (I) wait / until the eight.

    L : 응, 다비드가 우리한테 추천해준 식당에 가려고 했는데,
        못 갈 것 같아.
    C : 왜? 그 식당 음식이 너무 맛있어서 항상 사람이 많다고 들었는데.
    L : 맞아, 근데 예약하는 걸 잊었어.
    C : 아이고! 아니면, 우리 집에서 내 남편이랑 같이
        저녁 식사하는 거 어때?
    L : 좋아! 항상 네 집 한번 가보고 싶었어!
    C : 좋아, 그럼 8시까지 와.

TIP

Qué te parece

: ~하는 건 어때?

상대방의 의견을 물을 때 Pensar 동사를
써서 ¿Qué piensas?라고 할 수도 있지만,
위 예문처럼 Parecer 동사를 활용해서
¿Qué te / le / os / les parece?라고도
할 수 있습니다.

02

목적대명사와
Se용법

직접목적격 대명사

간접목적격 대명사

역구조동사

재귀동사

대명동사

*Se*용법

¿A qué hora te levantas?
너는 몇 시에 일어나니?

한눈에 배운다!
직접목적격 대명사

Lo, La
Los, Las

우리말에서 '나는'과 '나를'은 다른 의미입니다.
'너는'과 '너를'도 마찬가지이고요.
영어로 치면 'I'와 'me'의 차이인 것이죠.
주격으로 쓰이는 'I'와 목적격으로 쓰이는 'me'는 다릅니다.
어떻게 다른지 영어 문장으로 살펴보고, 목적격 대명사에 대해 이해해볼까요?

나 (주격)

I love you.
You love me.

나를 (목적격)

다음은 직접목적격 대명사 표입니다.

나를	우리를
Me [메]	**Nos** [노쓰]
너를	너희를
Te [떼]	**Os** [오쓰]
그를, 그것을	그들을, 그것들을
Lo [을로]	**Los** [을로쓰]
그녀를, 그것을	그녀들을, 그것들을
La [을라]	**Las** [을라쓰]

TIP

<< 읽어
보세요

**사물을 나타내는
직접목적대명사**

직접목적어는 우리말로 하면 조사 '~을/를'이 붙은 것에 해당하죠. 이미 언급된 직접목적어를 다시 말할 때 단어를 반복하지 않기 위해 사용하는 것이 직접목적격 대명사입니다.

스페인어의 명사는 남성명사와 여성명사로 나뉜다는 내용 기억나시나요? 그렇기 때문에 사람이나 사물을 가리키는 명사를 대명사로 쓸 때도, 알맞은 성과 수에 맞게 사용해야 합니다.

대표적인 남성명사인 **El coche**(자동차)와 여성명사인 **La casa**(집)로 예를 들어볼게요.

● 자동차를~
El coche → Lo (그것을)

● 집을~
La casa → La (그것을)

● 자동차들을~
Los coches → Los (그것들을)

● 집들을~
Las casas → Las (그것들을)

▶ 이 모자를 사시겠습니까?

¿Desea comprar <u>este sombrero</u>?

네, 그거 살게요. ◀

Sí, lo compro.

여기서 직접목적격 대명사 lo는
앞에서 직원이 말한 <u>este sombrero</u>(이 모자)를 말합니다.
este sombrero가 남성 단수 명사이기 때문에
대명사도 남성 단수 형태인 lo가 되는 것이죠.

위의 직접목적격 대명사들은 명사를 대신해서 사용하기 때문에
해당 명사에 성/수를 일치시켜야 합니다.

성/수 일치 다음으로 중요한 것은 직접목적격 대명사의 위치입니다.
직접목적격 대명사는 동사(구)의 앞이나 뒤에 올 수 있습니다.

1 직접목적격 대명사가 동사 앞에 오는 경우
→ 동사의 형태가 원형이 아닌 변형된 형태일 때

| 목적대명사 | 동사 | **Sí, lo aprendo.** | 응, 나 그거 배워. |

2 직접목적격 대명사가 동사 뒤에 오는 경우
→ 동사의 형태가 동사원형, 현재분사, 긍정 명령일 때

| ir+a+동사원형 | 목적대명사 | **Voy a hacerlo mañana.** | 나는 그거 내일 할 거야. |

| estar 현재분사 | 목적대명사 | **Estoy buscándola.** | 나는 그녀를 찾고 있어. |

| 긍정 명령 | 목적대명사 | **Hazlo ahora mismo.** | 그거 지금 당장 해. |

눈치채셨나요? 대명사가 동사 앞으로 올 땐 띄어서 쓰고,
동사 뒤로 올 땐 붙여서 써야 한다는 것도 기억해주세요!

TIP

목적어와 직접목적격 대명사의
읽어
보세요
위치

보시다시피 예문에서 목적어는
Este sombrero입니다.
스페인어의 어순상 동사 뒤에 위치하죠.
하지만 이 목적어를 대명사로 바꾸어 대
답한 것을 보면 **Lo.** 즉 직접목적격 대명사
가 동사 앞에 위치한 것을 볼 수 있습니다.

직접목적어가 나오는 경우,
다음 세 가지를 기억해주세요.

① 직접목적어는 동사 뒤에 위치한다.
② 직접목적어를 직접목적격 대명사로 바꿀
   땐 해당 명사의 성과 수를 일치시킨다.
③ 직접목적격 대명사는 동사의 앞에
   위치한다.

읽어
보세요
직접목적격 대명사가
동사 뒤에 오는 경우

동사의 형태가 동사원형이나 현재분사일
때에는 대명사가 동사구 앞이나 뒤에 위
치할 수 있습니다. (* 앞에 쓰는 것과 뒤에 쓰
는 것 사이에 의미 차이는 없습니다.)

동사가 긍정 명령의 형태를 취할 때에는
동사의 뒤에 붙여 쓰는 것만 가능합니다.

① 동사원형
   Lo voy a hacer mañana. O
   Voy a hacerlo mañana. O
   나는 그걸 내일 할 거야.

② 현재분사
   La estoy buscando. O
   Estoy buscándola. O
   나는 그녀를 찾고 있어.

③ 긍정 명령
   Lo haz ahora mismo. X
   Hazlo ahora mismo. O
   그거 지금 당장 해.

간접목적격 대명사

나에게
너에게

Yo te cuento. [요 떼 꾸엔또]　나는 너에게 이야기한다.

직접목적격 대명사는 '나를, 너를, 우리를'이었습니다.
그렇다면 간접목적격 대명사는 무엇일까요?
바로 '나에게, 너에게, 우리에게'입니다.

이미 직접목적격 대명사의 표를 암기하셨다면, 걱정하실 필요 없습니다.
직접목적격 대명사에서 3인칭만 다를 뿐 나머지는 똑같이 생겼습니다.
게다가 사용 방법도 똑같네요.

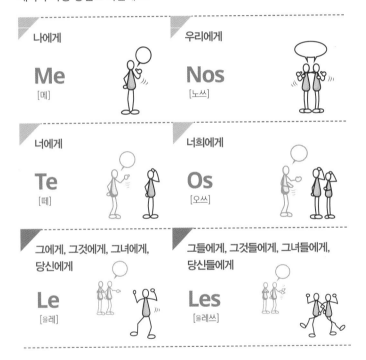

나에게
Me
[메]

우리에게
Nos
[노쓰]

너에게
Te
[떼]

너희에게
Os
[오쓰]

그에게, 그것에게, 그녀에게,
당신에게
Le
[올레]

그들에게, 그것들에게, 그녀들에게,
당신들에게
Les
[올레쓰]

하나의 의문점이 생겼습니다. 직접목적격 대명사와 간접목적격 대명사가
하나의 문장에 함께 나온다면 순서는 어떻게 될까요? 그것은 아래와 같습니다.

▶ 나는 너에게 그것을 사준다.

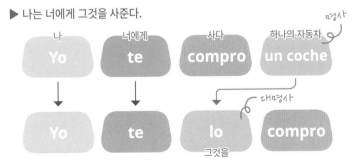

나　　너에게　　사다　　　하나의 자동차 명사
Yo　**te**　**compro**　**un coche**

Yo　**te**　**lo**　**compro**
　　　　　　그것을　대명사

TIP

읽어
보세요
>> 난 너를 사랑해! 너를!

영어로 '난 너를 사랑해!' 라고 말한다면,
I love you! (주어, 동사, 목적어 순서)입니다.
스페인어로 말한다면,
¡Yo te amo! (주어, 목적어, 동사 순서)입니다.

그러나 모든 스페인어 문장이 **주어, 목적어, 동사** 순은 아닙니다. 대부분의 스페인어 문장은 주어, 동사, 목적어의 순서입니다. 그래서 **주어, 목적어, 동사** 순일 때는 뒤에 목적어를 한 번 더 써서 목적어를 강조해줍니다.

Yo te amo a ti. (I you love to you.)

① 너는 나를 사랑한다. 1,2인칭
　Tú me amas . X
　Tú me amas a mí. O
　Tú amas a mí. O

② 나는 그(후안)를 사랑한다. 3인칭
　Yo lo amo. X
　Yo lo amo a Juan. O
　Yo amo a Juan. O

다시 한번 정리해본다면,
① 나는 너에게 전화를 한다. 1,2인칭
　Yo te llamo. X
　Yo te llamo a ti. O
　Yo llamo a ti. O

② 나는 Juan에게 전화를 한다. 3인칭
　Yo lo llamo. X
　Yo llamo a Juan. O
　Yo lo llamo a Juan. O

읽어
보세요
>> 간접목적격 대명사와
직접목적격 대명사의 순서

①
~에게

②
~을

여기서 만약 문장에 조동사가 등장하면,
간접목적격 대명사와 직접목적격 대명사의 위치를
두 가지 방법으로 잡을 수 있습니다.

▶ 나는 너에게 그것을 사주고 싶다.

Yo te lo **<u>quiero</u> comprar.**

Yo <u>quiero</u> comprártelo**.**

간접목적격 대명사와 직접목적격 대명사는
동사(구) 앞이나 뒤에 올 수 있습니다. 단, 다음 원칙에 주의해야 합니다.

1 둘 다 동사(구) 앞에 오거나
2 둘 다 동사(구) 뒤에 와야 한다.
3 순서는 간접이 먼저, 직접이 나중에 온다.
4 동사(구) 앞에 오는 경우 띄어쓰고, 동사(구) 뒤에 오는 경우 동사에
　붙여서 쓰고, 강세 위치가 바뀌는 경우 원래 음절에 강세부호를 붙여야 한다.

이와 관련해 주의하셔야 할 사항이 하나 있습니다.
간접목적격 대명사와 직접목적격 대명사가 둘 다 3인칭일 때
간접목적격 Le, Les는 Se로 바뀌어 버립니다.

▶ 나는 그에게 그것(자전거)을 사준다.

마지막으로, 간접목적격과 직접목적격 대명사가 함께 나오는
모든 경우의 수를 정리해드리겠습니다.

• 간접 / 직접 + 동사변형
　Te lo **compro.**

• 간접 / 직접 + 동사변형 + 동사원형
　Te lo **quiero comprar.**

• 동사변형 + 동사원형 + 간접 / 직접
　Quiero comprártelo.

• 간접 / 직접 + estar + 현재분사
　Te lo **estoy comprando.**

• estar + 현재분사 + 간접 / 직접
　Estoy comprándotelo.

주의해야 할 강세

결론적으로 동사 뒤에 목적어들이 붙어서
하나의 단어가 되더라도 동사의 강세는
변하지 않습니다.

동사원형을 읽을 때 강세는 마지막 모음에
있습니다.

Comprar

하지만 동사원형에 목적어가 붙어서 하나
의 단어가 되면, 이 단어는 더는 동사원형
이 아닙니다. 그러므로 기본 규칙에 따라
마지막에서 두 번째 음절에 강세를 붙여
줍니다. *모음으로 끝나는 단어 : 마지막에서
두 번째 음절에 강세

Comprarlo

위와 같은 규칙에 따르면 간접목적어와
직접목적어가 동사와 결합한 경우 역시
두 번째 모음에 강세를 주어야 합니다. 하
지만 그렇게 되면 이 단어의 가장 중요한
동사가 잘 드러나지 않겠네요. 그래서 이때,
틸데를 붙여 동사의 끝모음에 강세를 표기
합니다.

Comprártelo

간접목적어와 직접목적어가 동사에 붙어
하나의 단어가 될 때, 틸데를 붙여 원래
동사에 강세를 줍니다.

그에게 그것을...

1 그에게 그것을 가르쳐 준다.
　Yo le lo enseño. X
　Yo se lo enseño. O

2 너에게 그것을 가르쳐 준다.
　Yo te lo enseño. O

Practice
나에게, 너에게, 그에게 ①

 다음 빈칸에 알맞은 간접목적대명사를 넣으세요.

1 나는 마리오에게 선물을 준다. ⋯→ 나는 그에게 선물을 준다.

Yo doy un regalo a Mario. ⋯→ Yo **le** doy un regalo.

2 그녀는 에스텔라(나)에게 편지를 쓴다. ⋯→ 그녀는 나에게 편지를 쓴다.

Ella escribe una carta a Estela. ⋯→ Ella ( ) escribe una carta.

3 너는 세르히오와 엘레나에게 이야기를 들려주고 있다. ⋯→ 너는 그들에게 이야기를 들려주고 있다.

Tú estás contando una historia a Sergio y Elena. ⋯→ Tú ( ) estás contando una historia.

4 어머니가 마르따(너)에게 뭐라고 말하셨지? ⋯→ 어머니가 너에게 뭐라고 말하셨지?

¿Qué dijo mamá a Marta? ⋯→ ¿Qué ( ) dijo mamá?

5 우리는 상사에게 보고서를 보내야 한다. ⋯→ 우리는 그에게 보고서를 보내야 한다.

Tenemos que enviar el informe al jefe. ⋯→ ( ) tenemos que enviar el informe.

6 내가 너희에게 쉴 시간을 줄게. ⋯→ 내가 너희에게 쉴 시간을 줄게.

Voy a dar tiempo de descanso a vosotros. ⋯→ ( ) voy a dar tiempo de descanso.

7 선생님이 우리에게 인사를 하셨어. ⋯→ 선생님이 우리에게 인사를 하셨어.

El profesor ha saludado a nosotros. ⋯→ El profesor ( ) ha saludado.

• 정답입니다!

1 le **2** me **3** les **4** te **5** Le **6** Os **7** nos

60

나에게, 너에게, 그에게 ②

따라 말하기

 다음 문장을 스페인어로 옮겨적어 보세요.

1 나는 그에게 메시지를 쓴다.　　　Yo le escribo un mensaje.

-----

2 루이스는 그녀에게 선물을 사준다.

-----

3 마르코스는 그녀에게 진실을 말했다.

-----

4 파블로는 나에게 차를 팔았다.

-----

5 알베르토는 우리에게 손을 건넸다.

-----

6 비올레타는 그들에게 스페인어를 가르친다.

-----

7 내가 너희들에게 저녁식사를 준비했어.

-----

8 내 친구들은 나에게 깜짝파티를 해주었다.

-----

9 그에게 이 서류들 좀 가져다줄 수 있어?

-----

10 참석해주신 여러분께 감사드립니다.

· 정답입니다! ·

1 Yo le escribo un mensaje. **2** Luis le compra un regalo. **3** Marcos le dijo la verdad.
4 Pablo me vendió el coche. **5** Alberto nos dio una mano. **6** Violeta les enseña español.
7 Yo os he preparado la cena. **8** Mis amigos me han hecho una fiesta sorpresa.
9 ¿Puedes llevarle estos documentos, por favor? **10** Les agradezco por su presencia.

Me gusta la manzana.
나는 사과를 좋아해.

왜 Yo gusto가 아닐까요?
그것은 그냥 Gustar가 특수한 동사이기 때문입니다.
이 동사의 뜻 자체가 좋아하다가 아니라
좋게 하다/만족스럽게 하다라는 뜻을 가지고 있기 때문입니다.

그 사과가 나를 만족스럽게 하다.

목적어 역할이 아닌
주어 역할

Me gusta la manzana.

간접목적격
대명사
／
역구조
동사
／
동사의 주어
(의미상 목적어)

하지만, 여기서 주의하셔야 할 점이 있습니다.
역구조동사는 동사 뒤에 나오는 명사에 맞추어 변형시켜야 합니다.
위 예문 '나는 사과를 좋아한다. Me gusta la manzana.'에서
동사 Gustar는 문법적 주어 Manzana에 맞게 3인칭 단수로 변한 것입니다.
정리하면 아래와 같습니다.

동사변형 3인칭 단수 + 동사원형   : 동사하는 걸 좋아한다
동사변형 3인칭 단수 + 정관사 명사 단수 : 단수명사를 좋아한다
동사변형 3인칭 복수 + 정관사 명사 복수 : 복수명사를 좋아한다

이때, 의미상 주어를 강조해주기 위해 A+대명사를 앞에 써주기도 합니다.

A mí me gusta la manzana.

역구조동사 짝꿍은
간접목적어

역구조동사의 앞에는 항상 간접목적어가
옵니다. 그리고 의미상 주어는 뒤로 가서
목적어 역할을 합니다. 그래서 결론적으로
목적어와 주어의 역할이 바뀌게 됩니다.
그래서 이 동사들을 역구조동사라고 부릅
니다.

더 알아
보세요

① 일반 동사 순서: 주어 / 동사 / 목적어
 ⋯ 주어가 목적어를 동사하다
② 역구조동사 순서: 목적어 / 동사 / 주어
 ⋯ 목적어가 주어를 동사하다

읽어
보세요

A+대명사는 3인칭에
가장 많이 사용한다.

A mí, a ti, a nosotros, a vosotros는
쓰지 않아도 의미 전달에 무리가 없습니다.
하지만 3인칭인 경우 구체적으로 표현하기
위해 A+대명사를 활용하면 좋습니다.

- A Juan : 후안은
- A mis amigos : 내 친구들은

나	A mí	me + 동사
너	A ti	te + 동사
그, 그녀	A él (a ella)	le + 동사
우리	A nosotros	nos + 동사
너희	A vosotros	os + 동사
그들, 그녀들	A ellos (a ellas)	les + 동사

 TIP

이런 동사들은 아주 많습니다.
이쯤에서 알아두어야 할 역구조동사 몇 가지를 소개해보겠습니다.

Encantar
매우 좋아하다

<u>Me encanta</u> **vivir en España.**
나를 매우 좋게 한다   스페인에서 사는 것은

<u>Me encanta</u> **este libro.**
나를 매우 좋게 한다   이 책은

Doler
아프다

<u>Me duele</u> **la cabeza.**
나를 아프게 한다   이 머리는

<u>Me duelen</u> **mucho los ojos.**
나를 아프게 한다   매우   눈이

Interesar
관심이 있다

<u>Nos interesan</u> **tus libros.**
우리에게 관심을 갖게 한다   너의 책들은

No <u>me interesa</u> **este tema.**
나에게 관심을 갖게 한다   이 주제는

 읽어
보세요 **취향을 말할 때는**
3인칭 복수동사

- ¡Me encant**an** los animal**es**!
  (I love animals!)

- ¿Qué tipo de películ**as**
               te gust**an**?
  (What kind of movies do you like?)

Practice
역구조동사

따라 말하기

✏️ 다음 빈칸에 알맞은 간접목적대명사를 넣으세요.

1 너 아직도 머리 아파?

¿Todavía **te** duele la cabeza?

2 우리는 노래부르는 걸 매우 좋아한다.

〔　　　〕 encanta cantar.

3 창문을 좀 닫아도 되겠습니까?

¿〔　　　〕 importa cerrar la ventana?

4 너희들 파스타 안 좋아해?

¿No 〔　　　〕 gusta la pasta?

5 너희들은 축구보다 농구를 좋아한다.

〔　　　〕 gusta más el baloncesto que el fútbol.

6 나는 조금 쉬고 싶다.

〔　　　〕 apetece descansar un poco.

7 할아버지는 뉴스에 관심이 있으시다.

A mi abuelo 〔　　　〕 interesan las noticias.

8 소음이 안 거슬리니?

¿No 〔　　　〕 molesta el ruido?

9 나는 호랑이가 무섭다.

〔　　　〕 dan miedo los tigres.

10 아버지는 액션영화를 좋아하신다.

A mi padre 〔　　　〕 gustan las películas de acción.

▪정답입니다!▪

1 te　　2 Nos
3 Le　　4 os
5 Os　　6 Me
7 le　　8 te
9 Me　　10 le

Practice
좋아하다

따라 말하기

✎ 다음 빈칸에 알맞은 동사를 넣으세요.

1 나는 사과를 좋아한다.

Me (**gusta**) la manzana.

2 나는 사과와 배를 좋아한다.

Me ( ) la manzana y la pera.

3 나는 노래부르는 걸 좋아한다.

Me ( ) cantar.

4 나는 노래부르는 것과 춤추는 것을 좋아한다.

Me ( ) cantar y bailar.

5 우리는 쇼핑하는 걸 좋아한다.

Nos ( ) ir de compras.

6 할머니는 시끄러운 사람들을 안 좋아하신다.

A mi abuela no le ( ) las personas ruidosas.

7 너 그 식당 마음에 안 들었어?

¿No te ( ) ese restaurante?

8 그들은 그림그리기를 좋아했다.

Les ( ) pintar dibujos.

9 카를로스는 새 모자를 마음에 들어할까?

¿A Carlos le ( ) el nuevo sombrero?

10 나는 내 자동차들이 마음에 든다.

Me ( ) mis coches.

┆정답입니다!

1 gusta   2 gustan
3 gusta   4 gusta
5 gusta   6 gustan
7 ha gustado 8 gustaba
9 gustará   10 gustan

영어: **I wash myself.** **Wash the dishes.**
나는 씻는다 (나 스스로). 접시를 닦는다.

스페인어: **Yo me lavo.** **Lavo los platos.**
나는 씻는다 (나 스스로). 접시를 닦는다.

위 스페인어 두 문장은 동사가 서로 다릅니다.
첫 번째 동사는 재귀동사이고 두 번째는 일반동사입니다.
스페인어에서는 동사의 행위가 주어 스스로에게 일어나고 있을 때,
재귀동사를 사용합니다.
다시 말해 주어와 목적어가 일치하면 재귀동사를 씁니다.

재귀동사의 원형은 항상 se로 끝납니다.
그리고 다음과 같은 의미의 동사가 보통 재귀동사입니다.

1 스스로에게 하는 행위를 나타내는 동사,
개인위생이나 일상에 관한 동사

Levantarse	**Bañar**se	**Maquillar**se
일어나다	목욕하다	화장하다

2 서로에게 하는 행위를 나타내는 동사

Amarse	**Conocer**se	**Pelear**se
사랑하다	알게 되다	싸우다

3 의도되지 않은 행위에 대한 동사

Caerse	**Perder**se	**Romper**se
넘어지다	잃어버리다	부서지다

재귀동사 변형은 보통의 동사변화 후 앞쪽에 재귀대명사를 써줍니다.

<u>me</u> lavo   <u>te</u> lavas

TIP

<< 읽어
보세요 **일반동사와 재귀동사**

일반동사
둘 다 사용
재귀동사

어떤 동사는 일반동사로도 사용되고 재귀
대명사를 붙여서 재귀동사로도 사용됩니다.

<< 읽어
보세요 **Levantarse or Levantar**

Levantarse는 자신이 스스로 일어난다
라는 뜻입니다. 반면 levantar은 무엇을
일으키다라는 의미입니다.

• Yo *me* levanto.
나는 일어난다.

• Yo levanto *a mi hijo*.
나는 내 아들을 일으킨다(깨운다).

<< 읽어
보세요 **재귀대명사**

Yo	**Me**	나 자신을
Tú	**Te**	너 자신을
Él / Usted	**Se**	그 자신을
Nosotros	**Nos**	우리 자신을
Vosotros	**Os**	너희들 자신을
Ellos / ustedes	**Se**	그들 자신을

역구조동사의 대표가 Gustar라면,
재귀동사의 대표는 Llamarse 입니다.

Llamarse ~라고 부른다

인칭대명사	재귀대명사	동사변형	목적어	
Yo	me	llamo	Daniela	나는 나를 다니엘라라고 부른다
Tú	te	llamas	Carlos	너는 너를 카를로스라고 부른다.
Él / Usted	se	llama	Isabela	그녀는 그녀를 이사벨라라고 부른다.
Nosotros	nos	llamamos	Alberto y Sofía	우리는 우리를 알베르토와 소피아라고 부른다.
Vosotros	os	llamáis	Lucía y Viviana	너희들은 너희들을 루시아와 비비아나라고 부른다.
Ellos / Ustedes	se	llaman	Raúl y Sergio	그들은 그들을 라울과 쎄르히오라고 부른다.

당연한 이야기지만
재귀동사 앞의 재귀대명사는 주어에 맞추어서 사용합니다.

Levantarse 일어나다 (to get up)

• 나는 매일 일찍 일어난다.

Yo me levanto temprano todos los días.
     └ get myself up ┘└ early ┘└ everyday ┘

• 너는 내일 몇 시에 일어나?

¿A qué hora te levantas mañana?
     └ what time ┘└get yourself up┘

Cepillarse 솔질하다 (to brush)

• Carlos는 밥을 먹은 후에 양치질을 한다.

Carlos se cepilla los dientes después de comer.
     └ brushes ┘└ the teeth ┘└ after eating ┘
      himself

Cortarse 자르다 (to cut)

• 나는 손톱을 자르고 있다.

Me estoy cortando las uñas.
     └ I'am cutting myself ┘└ the nails ┘

주어가 없을 때 재귀동사 문형

주어가 없을 때는 원형을 사용합니다.

Lavarse .... 씻다
= to wash

Lavarse <u>las</u> manos ...... 손을 씻다
Lavarse <u>la</u> cara .... 세수를 하다
Lavarse <u>el</u> pelo .... 머리를 감다

이때 신체의 일부를 나타내는 명사 앞엔
소유사(mi, tu, su)가 아닌 정관사(el, la,
los, las)만 쓸 수 있습니다.

Have to + get up

Tengo que	levantarme
Tienes que	levantarte
Tiene que	levantarse
Tenemos que	levantarnos
Tenéis que	levantaros
Tienen que	levantarse

영어의 have to, 즉 '~해야 한다'고 할
때 스페인어로 'tener que 동사원형'이
라고 합니다. 이때 동사원형 부분에 재귀
동사가 들어갈 수도 있는데, 그런 경우에
는 동사원형 뒤에 재귀대명사를 붙여서
써줘야 해요. 위에 보이는 것처럼 주어의
인칭과 수에 맞게 tener 동사를 변화시
키고, 재귀대명사 자리에도 그에 맞는 대
명사를 써주시면 됩니다.

재귀동사 ①

따라 말하기

재귀동사는 대명사 se가 항상 같이
쓰이기 때문에 동사원형을 표시할 때도
se를 붙여서 표시합니다.

Llamarse
[야마르쎄] 이름이 ~다

Yo	me llamo
Tú	te llamas
Él / Usted	se llama
Nosotros	nos llamamos
Vosotros	os llamáis
Ellos / Ustedes	se llaman

Ducharse
[두차르쎄] 샤워하다

Yo	me ducho
Tú	te duchas
Él / Usted	se ducha
Nosotros	nos duchamos
Vosotros	os ducháis
Ellos / Ustedes	se duchan

Irse
[이르쎄] 떠나다, 가버리다

Yo	me voy
Tú	te vas
Él / Usted	se va
Nosotros	nos vamos
Vosotros	os vais
Ellos / Ustedes	se van

Quedarse
[께다르쎄] 머물다, 남다

Yo	me quedo
Tú	te quedas
Él / Usted	se queda
Nosotros	nos quedamos
Vosotros	os quedáis
Ellos / Ustedes	se quedan

재귀동사 ②

따라 말하기

 새로운 단어에 동사 변화 규칙을 적용해 보세요.

어간의 e가 ie로 변하는
불규칙 변화 동사

Arrepentirse
[아레뻰띠르쎄] 후회하다

Yo

Tú

Él / Usted

Nosotros

Vosotros

Ellos /
Ustedes

'~와 결혼하다'라고 할 땐
전치사 con과 함께 씁니다.

Casarse
[까싸르쎄] 결혼하다

Yo

Tú

Él / Usted

Nosotros

Vosotros

Ellos /
Ustedes

1인칭 단수,
즉 Yo가 주어일 때 불규칙 변화

Parecerse
[빠레쎄르쎄] 닮다

Yo

Tú

Él / Usted

Nosotros

Vosotros

Ellos /
Ustedes

어간의 o가 ue로 변하는
불규칙 변화 동사

Encontrarse
[엔꼰뜨라르쎄] 만나다, 위치하다

Yo

Tú

Él / Usted

Nosotros

Vosotros

Ellos /
Ustedes

정답입니다!

1 me arrepiento / te arrepientes / se arrepiente / nos arrepentimos / os arrepentís / se arrepienten
2 me caso / te casas / se casa / nos casamos / os casáis / se casan
3 me parezco / te pareces / se parece / nos parecemos / os parecéis / se parecen
4 me encuentro / te encuentras / se encuentra / nos encontramos / os encontráis / se encuentran

Encontrarse 만나다 (to meet)

대명동사는 대명사와 함께 짝을 이뤄 다니는 동사들을 말합니다.
앞서 배운 재귀동사 역시 대명동사의 일종입니다.

대명동사의 변형 역시 재귀동사와 같습니다.

Yo	me	encuentro
Tú	te	encuentras
Él / Usted	se	encuentra
Nosotros	nos	encontramos
Vosotros	os	encontráis
Ellos / Ustedes	se	encuentran

아래 문장의 동사가 재귀동사였다면 '나는 나를 만난다' 라고 해석이 되겠지요?
하지만, 재귀동사가 아닌 대명동사에서
동사 안에 있는 대명사는 주어와 일치합니다.

Yo me encuentro.
나는 만난다.

대명동사가 쓰인 문장에서는 목적어에 반드시 전치사가 있습니다.

Yo me encuentro con mis amigos.
나는 나의 친구들을 만난다.

<< 읽어 보세요   **역구조동사, 재귀동사, 대명동사**

● 역구조동사
주어와 목적어가 바뀐다.

● 재귀동사
동사 안에 목적격 대명사가 있고, 그 목적격 대명사는 주어와 일치하는 동시에 목적어와도 일치한다.
  나는 나를 윤민이라 부른다.

● 대명동사
동사 안에 목적격 대명사가 있고, 그 목적격 대명사는 주어와 일치하지만 목적어와는 일치하지 않는다.

<< 읽어 보세요   **Encontrarse 동사는 Estar 동사로도 사용할 수 있다**

● 나는 피곤하다.
Estoy cansado.
= Me encuentro cansado.

<< 읽어 보세요   **Se 용법**

● En Corea *se* <u>cena</u> *temprano*.
한국에서는 저녁을 일찍 먹는다.
(사람들이)

● En esta academia *se* <u>enseñan</u> *idiomas extranjeros*.
이 학원에서는 외국어를 가르친다.
(사람들이)

여기서 **Se**는 **사람들**이라는 의미로, 이러한 경우에 동사는 3인칭 단수와 3인칭 복수만 사용됩니다. 동사 뒤에 단수명사, 부사, 전치사가 나오면 3인칭 단수동사를 사용하고, 동사 뒤에 복수명사가 나오면 3인칭 복수동사를 사용합니다.

다음은 대표적인 대명동사 리스트입니다.
다음 대명동사들과 주로 함께 쓰이는 전치사들도 함께 표기해보았습니다.

대명동사		전치사
Casarse	결혼하다	con
Acordarse	기억하다	de
Arrepentirse	후회하다	de
Alojarse	숙박하다	en
Enamorarse	사랑에 빠지다	de
Ocuparse	일을 맡다 / 책임지다	de
Quedarse	머물다 / 만나다	en / con
Comunicarse	소통하다 / 연락하다	con

▶ Lidia는 2년 전에 Sergio와 결혼했다.

Lidia se casó con Sergio hace dos años.
　　　　└ got └　　　　　└ two years ago ┘
　　　　　married

▶ 나는 너의 이름이 기억나지 않는다.

No me acuerdo de tu nombre.
　　└ I remember ┘

▶ 나는 너에게 거짓말한 것에 대해 후회한다.

Me arrepiento mucho de haberte mentido.
└　 I regret　┘

▶ 내 남편은 나한테 첫눈에 반했다.

Mi esposo se enamoró de mí a primera vista.
　　　　　└ fell in love ┘

▶ 우리가 이 일을 맡았다.

Nosotros nos ocupamos de este trabajo.
　　　　　└ we take ┘

 읽어
보세요 《 **대명동사와
비슷하게 생긴 동사들**

이들 대명동사 중에는 동사원형에 Se가
있고 없음으로 뜻이 달라지는 경우도 있습
니다. 다시 말해 Se가 있으면 대명동사로
A라는 뜻을 가지고, Se가 없을 때는 일반
동사로 B라는 뜻을 가지는 것이죠.

Despedir	해고하다
Despedirse	작별인사하다
Encontrar	발견하다
Encontrarse	만나다
Llevar	가져가다
Llevarse bien	사이가 좋다
Parecer	보이다
Parecerse	닮다
Ir	가다
Irse	가버리다, 떠나다

한눈에 배운다!
Se 용법

대명사 Se의
3가지 용법

1 하나의 문장에 3인칭 간접목적어와 직접목적어가 함께 등장하는 경우
간접목적어 Le, Les를 Se로 바꾼다.

Yo te lo doy. 나는 너에게 그것(남성형 명사)을 준다.

Tú me la das. 너는 나에게 그것(여성형 명사)을 준다.

Yo se lo doy. 나는 그에게 그것(남성형 명사)을 준다.

Él se la da. 그는 그녀에게 그것(여성형 명사)을 준다.

2 비인칭의 Se : 그들, 그녀들, ∼사람들이라는 뜻을 가지고 있다.

En Argentina se baila el tango.
아르헨티나에서는 사람들이 탱고를 춘다.

Se habló de todo un poco.
사람들은 이런저런 이야기를 조금 했다.
* 나도 포함할 수 있음

**Se explicaron todos
los malentendidos.**
사람들은 모든 오해들을 설명했다.

3 서로 ∼ 했다의 의미 (1인칭이면 Nos, 2인칭이면 Os, 3인칭이면 Se)

Nosotros nos miramos.
우리는 서로 쳐다봤다.

Ellos se insultaron.
그들은 서로 욕했다.

TIP

읽어
보세요
**Se 용법,
사실 이미 배웠습니다.**

사실 본문의 내용은 우리가 간접목적어와
직접목적어를 배울 때 이미 배웠던 내용
입니다.

● 나는 그에게 그것(자전거)을 사준다.

Yo se la compro
    그에게 그것을

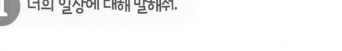

02 이 표현 꼭 외우자!
목적대명사와 Se용법

  1 너의 일상에 대해 말해줘.

 TIP

María

¿Puedes / hablarme / de tu rutina diaria?
Can (you) / talk to me / about your routine daily?

Pablo

¡Claro! / Bueno, / como / trabajo / de lunes a viernes /
Sure! / Well, / because / (I) work / from Mondays to Fridays

durante la semana / me levanto / aproximadamente /
during the week / (I) wake up / approximately /

a las seis y media / de la mañana.
at the six and half / of the morning.

Me baño / y me preparo / antes de desayunar.
(I) Take a bath / and (I) myself prepare / before of eat breakfast.

Salgo de casa / alrededor de / las siete y media /
(I) leave from house / about / the seven and half /

y tomo el autobús / al trabajo.
and (I) take the bus / to the work.

Llego / más o menos / a las ocho / de la mañana /
(I) arrive / more or less / at the eight / of the morning /

y me pongo a trabajar / hasta / la hora de almuerzo.
and (I) start to work / until / the hour of lunch.

La hora de almuerzo / es / de doce a una /
The hour of lunch / is / from twelve to one /

y suelo almorzar / con mis compañeros / de trabajo.
and (I) usually eat lunch / with my colleagues / of work.

M : 너의 일상에 대해서 말해줄 수 있어?
P : 그럼! 음, 나는 월요일부터 금요일까지 일하기 때문에
　　주중에 나는 한 오전 6시 반에 일어나.
　: 아침을 먹기 전에 목욕하고 준비해.
　: 집에서 한 7시 반에 나가고 직장까지 버스를 타고 가.
　: 한 오전 8시에 도착해서 일을 하기 시작해. 점심시간까지.
　: 점심시간은 12시부터 1시야.
　　그리고 주로 내 직장 동료들과 함께 점심을 먹어.

시간을 나타내는 표현

시간을 말할 때 '**시 y 분**'이라고 하면 됩니다. 하지만 우리말에서도 30분보다는 '**반**'이라고 하듯, 스페인어에서도 이를 다르게 부르는 말이 있어요. 그게 바로 Media입니다.

• 15분 = Quince, **Cuarto**
• 30분 = Treinta, **Media**

여기서 Cuarto 는 4분의 1,
Media 는 2분의 1, 즉 '반'을 뜻합니다.

Las comidas
coreanas son muy ricas.
Korean food is very tasty.
한국 음식은 정말 맛있어.

Pablo

Vuelvo / a la oficina / y trabajo / hasta / las seis /
(I) return / to the office / and (I) work / until / the six /

de la tarde.
of the afternoon.

Después de trabajar, / me encuentro / con mi esposa /
After of work, / (I) meet / with my wife /

que / trabaja cerca / y vamos juntos / a casa.
that / works near / and (we) go together / to home.

Cenamos juntos / en casa /
(We) eat dinner together / in home /

y después de ver la televisión, / nos acostamos.
and after of see the television, / (we) go to bed.

Solemos acostarnos / entre / las diez y las once /
(We) usually go to bed / between / the ten and the eleven /

de la noche.
of the night.

> P : 사무실로 돌아와서 오후 6시까지 일해.
> : 일한 뒤, 근처에서 일하는 내 와이프와 만나서 집에 같이 가.
> : 저녁을 집에서 같이 먹고 티비를 본 후 우리는 자러 가.
> : 우리는 주로 밤 10시에서 11시 사이에 누워.

Hoy también ha sido
un día maravilloso.
Today has been a lovely day, too.
오늘도 멋진 하루였다!

2 어쩌다가 그랬어!?

Teresa

¡Dios mío! / ¡¿Qué / le pasó / a tu pierna?!
Oh, My God! / What / it happend / to your leg?!

Ruben

Me caí / de las escaleras…
(I) fell down / from the stairs…

Teresa

¡¿Pero cómo?! / ¿Te lastimaste / mucho?
But how!? / (You) hurt / a lot?

Ruben

Me esguincé / el tobillo / derecho.
(I) sprained / the ankle / right.

Teresa

Menos mal que / no te fracturaste…
Less bad that / (you) didn't get fractured…

Deberías / quedarte en casa, / ¿qué haces aquí?
(You) should / stay in home, / what (you) do here?

Ruben

Voy a encontrarme / con un compañero /
(I) am going to meet / with a friend /

de clase / para recibir / unos apuntes.
of class / in order to receive / some notes.

Teresa

Seguro que / te duele mucho.
Sure that / to you (it) hurts a lot.

Si necesitas / una mano, / me avisas.
If (you) need / a hand, / to me (you) tell.

Ruben

No me duele / tanto. / gracias / por preocuparte.
(It) doesn't to me hurt / that much. / thank you / for worry.

T : 세상에! 네 다리 왜 그래?!
R : 계단에서 넘어졌어…
T : 아니 어쩌다가!? 많이 다쳤어?
R : 오른쪽 발목을 접질렀어.
T : 부러진 게 아니라서 다행이다…
　　집에 있어야지, 여기서 뭐해?
R : 필기 좀 받기 위해 수업 같이 듣는 친구를 만날 거야.
T : 분명히 많이 아플 텐데. 도움 필요하면, 나한테 말해.
R : 그렇게 많이 안 아파. 걱정해줘서 고마워.

⊲ **TIP**

신체 부위

얼굴	La cara
몸	El cuerpo
손	Las manos
발	Los pies
팔	Los brazos
다리	Las piernas
어깨	El hombro
무릎	La rodilla
발목	El tobillo

⊲ **Si necesitas** una mano...

'손이 필요하면'이라는 뜻일까요?
아쉽게도 아닙니다.

'도움이 필요하면'이라는 뜻입니다. 우리말로
도 누구를 **돕는다**고 할 때 **손을 건넨다**는 말을
하는 것과 비슷하다고도 볼 수 있겠네요.

③ 나 부탁 하나만 들어줄 수 있어?

Karen

Oye, / ¿me / puedes hacer un favor, / por favor?
Hey, / to me / can (you) do a favor, / please?

Carlos

¡Cómo no! / ¿Qué / necesitas pedirme?
How not! / What / (Do you) need to ask to me?

Karen

Necesito entregarle / un paquete / al Sr. Martinez
(I) need to give to him / a package / to Mr. Martinez

pero no tengo tiempo / para ir / a su oficina.
But (I) don't have time / to go / to his office.

Carlos

Yo se lo / entrego / por ti. / ¿Tengo que / decirle algo?
I to him it / give / for you. / (I) have to / say to him something?

Karen

Sí, / dile que / es de parte de Ruben Lee / y que
Yes, / tell to him that / is from part of Ruben Lee / and that

lo / voy a llamar / esta tarde.
to him / (I) am going to call / this afternoon.

Carlos

Se lo / diré. / ¿Se lo / llevo ahora?
To him it / (I) am going to say. / To him it / (I) bring now?

Karen

Sí, por favor. / Te lo agradezco mucho, / amigo.
Yes, please. / To you it (I) thank a lot, / friend.

Carlos

No hay / de qué. / Luego / me / haces un favor / a mí.
Not there is / about what. / Later, / to me / (you) do a favor / to me.

K : 저기, 나 부탁 하나만 들어줄 수 있어?
C : 물론이지! 부탁할 게 뭔데?
K : 이 택배를 마르티네즈 씨한테 드려야 하는데 내가 그의 사무실에
　　 갈 시간이 없어.
C : 내가 너 대신 그것을 그에게 줄게. 뭐 말해야 할 거 있어?
K : 응, 루벤리가 주는 거고 오늘 오후에 내가 그에게
　　 전화할 거라고 전해줘.
C : 그렇게 말할게. 지금 가져다드려?
K : 응, 부탁할게. 친구야, 정말 고맙다.
C : 별말씀을. 나중에 내 부탁 하나 들어줘.

¡Cómo no! (물론이지)

스페인어로 '물론이지'를 말하는 방법은 정말 다양합니다.
단, 마지막 두 표현은 부탁을 들어주는 상황에서만 사용하는 말이니, 주의해주세요.

· Claro (que sí).
· Desde luego.
· Por supuesto.
· Sin problema.
· Con gusto.

¡Abrir los paquetes es divertido!
It's fun to open parcels!
언박싱은 즐거워!

4 어떤 선물을 좋아할까?

Yamili

Mañana / es el cumpleaños / de Andrés.
Tomorrow / is the birthday / of Andres.

Javier

¡No lo sabía! / ¿Qué vamos a hacer?
(I) didn't it know! / What (we) are going to do?

Yamili

Todavía / no lo sabemos.
Yet / (we) don't it know.

Primero, / debemos comprarle / un regalo.
First, / (we) must buy him / a gift.

Javier

¿Qué / le podemos dar?
What / to him (we) can give?

¿Qué / le gustará / a Andrés?
What / (he) will like / to Andres?

Yamili

No lo sé. / Pero, / sé que / pronto /
(I) don't it know. / But, / (I) know that / soon /

tiene una entrevista / de trabajo.
(he) has an interview / of work.

Javier

Entonces, / le podríamos comprar / una corbata.
Then, / to him (we) could buy / a tie.

¿Qué / te parece?
What / do (you) think?

Y : 내일 안드레스 생일이야.
J : 몰랐어! 뭐 할 거야?
Y : 아직 모르겠어.
　　일단, 그를 위한 선물을 하나 사야 해.
J : 뭘 줄 수 있을까?
　　안드레스는 뭘 좋아할까?
Y : 모르겠어. 근데, 곧 직장 면접이 있다는 걸 알아.
J : 그럼, 넥타이 하나 사주면 되겠네. 어떻게 생각해?

Yamili

Creo que / Miguel y Laura / van a regalársela.
(I) think that / Miguel and Laura / are going to give to him it.

¿Por qué no / le compramos / unos zapatos?
Why not / to him (we) buy / some shoes?

Javier

Pero / no sabemos / qué tipo de zapatos / le gusta.
But / (we) don't know / what type of shoes / (he) likes.

¿Le preguntamos / a Lucía? / Ella debe saber.
To her (we) ask / to Lucia? / She must know.

Yamili

¡Claro! / Se lo preguntamos / y también /
Sure! / To her it (we) ask / and also /

averiguamos / qué talla usa.
(we) figure out / what size (he) uses.

Javier

Me parece perfecto. / Yo la llamo / ahora.
To me (it) seems perfect. / I to her call / now.

> Y : 그건 미겔이랑 라우라가 선물할 것 같아.
> 신발 하나 사주는 게 어떨까?
> J : 근데 그가 어떤 신발을 좋아하는지 모르잖아.
> 루시아한테 물어볼까? 그녀는 알 거야.
> Y : 그래! 그녀에게 물어보고 어떤 사이즈 쓰는지도 알아보자.
> J : 완벽해. 내가 그녀한테 지금 전화할게.

목적격 대명사

동사원형에 목적격 대명사가 두 개나 붙어 있네요! 하나는 간접목적격, 다른 하나는 직접목적격 대명사겠죠? 지금 하비에르와 야밀리는 안드레스의 생일 선물을 고민하고 있어요. 그러니까 간접목적어는 '안드레스에게'가 되고, 또 선물로 넥타이는 어떤지 생각하고 있었으니까 직접목적어는 '넥타이를'이 돼요. 그래서 각각의 목적어를 대명사로 바꾸면…

안드레스에게 **le**
넥타이를 **la**

> Ya tengo los zapatos rojos.
> I already have red shoes.
> 빨간색 신발은 이미 있어.

5 병원에 가는 게 낫겠다.

¿Qué / te sucede? / Te veo mal.
What / to you happen? / To you (I) see bad.

Sí, / es que / me duele mucho / la cabeza.
Yes, / is that / (it) me hurts a lot / the head.

Creo que / me enfermé.
(I) think that / (I) got sick.

¿Fuiste / al médico? / Deberías ir…
(You) went / to the doctor? / (You) should go…

No, no me gusta / ir al hospital.
No, (I) don't like / to go to the hospital.

Hoy / me he levantado / con un terrible
Today / (I) have gotten up / with a terrible /

dolor de cabeza / y también / me duele mucho.
pain of head / and also / (it) me hurts a lot. /

la garganta / y tengo tos.
the throat / and (I) have cough.

Te recomiendo / ir al médico / cuanto antes /
To you (I) recommend / go to the doctor / as soon as possible /

porque si no / te arrepentirás / luego.
because if not / (you) will regret / later.

S : 무슨 일 있어? 안 좋아 보인다.
M : 응, 머리가 너무 아파서 그래.
　　병났나 봐.
S : 병원에 갔어? 가야 할 텐데…
M : 아니, 병원에 가는 거 안 좋아해.
　　오늘 일어났더니 머리가 깨지듯이 아팠어.
　　목도 아프고 기침도 해.
S : 최대한 빨리 병원에 가는 걸 권해
　　그렇지 않으면 나중에 너 후회할 거다.

TIP

Me duele la garganta…

우리는 감기에 걸려도 담이 걸려도 '목이 아프
다'고 합니다. 하지만 영어와 스페인어에서는
안쪽 목과 바깥쪽 목을 구분하는데요. 형태는
다음과 같습니다.

1) 목구멍: **Garganta** (영어 Throat)
2) 목(근육): **Cuello** (영어 Neck)

Hace mucho frío
en invierno en Corea.
In Korea, winters are very cold.
한국 겨울은 정말 춥구나.

 Miguel

Está bien, / mejor / voy / porque / me siento peor /
Alright, / better / (I) go / because / (I) feel worse /

que / esta mañana.
than / this morning.

 TIP

 Sofía

Si quieres, / te acompaño.
If (you) want, / to you (I) come along.

 Miguel

Gracias.
Thank you.

> M : 알겠어, 오늘 아침보다 컨디션이 더 안 좋으니까 가는 게 낫겠다.
> S : 네가 원하면, 같이 가줄게.
> M : 고마워.

6 그와 어떻게 만났어?

 Lucía

Esta es / la foto / de mi boda.
This is / the photo / of my wedding.

 Carolina

¡Qué / bonita foto! / ¿Cuándo / te casaste?
What / pretty photo! / When / (did you) marry?

 Lucía

Me casé / con Mauro / hace casi cinco años.
(I) got married / with Mauro / ago almost five years.

 Carolina

¿Cómo / os conocisteis? / ¡Quiero saber!
How / (you guys) each other know? / (I) want know!

> L : 이게 내 결혼사진이야.
> C : 너무 예쁜 사진이다! 언제 결혼했어?
> L : 마우로랑 거의 5년 전에 결혼했어.
> C : 어떻게 만났어? 알고 싶어!

Son anillos tan bonitos.
Those rings are very beautiful.
반지 되게 예쁘다.

상호의 Se

대명사 Se(그의 친구들 Me, Te, Se, Nos, Os, Se)는 재귀, 수동, 무의지, 비인칭 등 다양한 의미를 갖습니다. 동사를 보고, 문맥을 보면서 여기선 어떻게 쓰였는지를 확인해서 알맞게 해석하는 게 중요합니다.

이 문장에서처럼 Se도 복수형, 동사도 복수형으로 쓰인 경우 '상호의 Se'라고 볼 수 있는데, '서로 ~했다'라는 뜻입니다. 해석하면 '서로 알게 되다'가 되겠죠?

Bueno, / la primera vez que / nos vimos / fue /
Well, / the first time that / (we) each other saw / was /

en una fiesta de cumpleaños.
in a party of birthday.

Él estaba / con sus amigos / y yo estaba /
He was / with his friends / and I was /

con los míos.
with the mine.

No me acuerdo muy bien / cómo /
(I) don't remember very well / how /

empezamos la conversación
(we) began the conversation

pero / me preguntó / qué me gustaba hacer /
but / to me (he) asked / what (I) liked do /

en mi tiempo libre
in my free time

y me contó que / a él también / le interesaban /
and to me (he) told that / to him also / (he) is interested in /

los deportes.
the sports.

Charlamos / durante toda la noche / y luego /
(We) chatted / during all the night / and then /

me pidió / el número de teléfono / y se lo di.
to me (he) asked / the number of telephone / and to him it (I) gave.

Me invitó / a salir / un día / y acepté.
To me (he) invited / to go out / one day / and (I) accepted.

> L : 음, 우리가 처음 만난 곳은 생일 파티였어.
> : 그는 그의 친구들과 있었고 나는 내 친구들과 있었어.
> : 대화를 어떻게 시작했는지 잘은 기억이 안 나.
> : 근데 그가 나한테 내 여가 시간에 뭐 하는 걸 좋아하는지 물어봤어.
> : 그리고 그도 운동에 관심이 있다고 나한테 말했어.
> : 밤새 수다 떨고 나중에 나한테 전화번호를 달라고 해서 줬어.
> : 어느 날 그가 나한테 데이트 신청을 해서 받아들였지.

소유대명사 (~의 것)

영어에서 '나 I', '나의 My', '나의 것 Mine'이 다른 것처럼 스페인어에도 각각 다른 형태가 있습니다. **대명사**로 쓸 땐 명사이기 때문에 **관사와 함께 쓰고**, 대신하는 **명사의 성과 수에 일치시켜주어야 한다는 걸** 기억해주세요.

	형용사 ~의	대명사 ~의 것
나의	Mi	El mío
너의	Tu	El tuyo
그의	Su	El suyo
우리의	Nuestro	El nuestro
너희의	Vuestro	El vuestro
그들의	Su	El suyo

Salir 동사의 여러 가지 뜻

1) **나가다** : Get out, Leave
2) **사귀다** : Go out with someone
3) **놀다** : Hang out with someone

Lucía

Ese día / me confesó que / se había enamorado /
That day / to me (he) confessed that / (he) had fell in love /

de mí / el primer día que / me vio.
of me / the first day that / me (he) saw.

Empezamos a salir / porque / a mí también /
(We) began to go out / because / to me also /

me gustaba mucho él, / hasta que / un día /
(I) liked a lot him, / until that / one day /

me pidió la mano.
(he) to me asked the hand.

 TIP

Carolina

¡Qué / romántico!
What / romantic!

> L : 그날 그가 나한테 나를 처음 본 날에 반했다고 고백했어.
> : 나도 그가 많이 좋았기 때문에 연애하기 시작했어.
>   그러다 그가 나한테 청혼했어.
> C : 너무 낭만적이다!

¿Por qué no salimos
y damos un paseo?
Why don't we go out and walk?
나가서 산책하는 게 어떻겠니?

---

7 이제 나의 새로운 베스트 프렌드야!

Carlota

¡No sabía que / tenías un perro!
(I) didn't know that / (you) had a dog!

Marcos

Lo encontré / en la calle / hace unos días.
It (I) found / in the street / ago few days.

Carlota

¿En la calle?
In the street?

> C : 너 강아지 있는 줄 몰랐네!
> M : 며칠 전에 길에서 발견했어.
> C : 길에서?

◀ **Lo encontré.**

한국어로는 한 단어인데 스페인어에서는 여러
단어인 것들이 참 많은데요. '찾다' 동사도 마찬
가지입니다.

1) 찾고 있다 (과정) : Buscar
2) 찾았다 (결과) : Encontrar

• 너 뭐 찾는 중이야? (과정)
  ⋯ ¿Qué estás buscando?

• 어제 잃어버린 반지 찾았다! (결과)
  ⋯ ¡He encontrado el anillo
  que perdí ayer!

Marcos

Sí, / creo que / fue abandonado / por alguien.
Yes, / (I) think that / (it) was abandoned / by someone.

Como estaba lloviendo mucho, / lo traje a casa.
Because (it) was raining a lot, / (I) it brought to home.

Carlota

¡Pobrecito!
Poor thing!

Menos mal que / fue encontrado / por ti.
Less bad that / (it) was found / by you.

Sé que / te encantan los animales.
(I) know that / (you) love the animals.

Marcos

Sí, / estaba yendo a la farmacia / pero este perrito /
Yes, / (I) was going to the pharmacy / but this dog /

me seguía mirando / con ojos tristes.
to me kept watching / with eyes sad.

Carlota

¡No lo pudiste ignorar!
No him (you) could not ignore!

Marcos

Definitivamente no.
Definitely not.

Ahora es mi nuevo mejor amigo.
Now (he) is my new best friend.

Salúdalo, / se llama Nano.
Say hello to him, / his name is Nano.

Carlota

¡Hola, Nano!
Hi, Nano!

¡Así que tú eres el perro / que fue rescatado por él!
So you are the dog / that was rescued by him!

Perrito (강아지)

강아지는 Perro 아니었나요? Perrito는 뭐
죠? ito는 축소사라고 하는데요, 명사 뒤에 붙
여서 귀엽게 부르거나 작고 소중한 크기를 나
타내기 위해 쓰는 말이에요. 예를 들면...

1) Perro 개 → Perrito 강아지
2) Cosa 물건 → Cosita 작은 물건

명사의 마지막 모음을 떼고, 남성명사면 ito,
여성명사면 ita를 붙여서 쓸 수 있습니다.

M : 응, 누가 버린 것 같아.
　　비가 많이 오고 있어서, 집으로 데리고 왔어.
C : 불쌍하다! 네가 찾아서 다행이야.
　　너 동물 사랑하는 거 내가 알아.
M : 응, 약국에 가고 있었는데 이 강아지가 슬픈 눈으로
　　나를 계속 쳐다보더라고.
C : 그냥 지나칠 수 없었구나!
M : 당연하지. 이제 나의 새로운 베스트 프렌드야.
　　인사해, 이름은 나노야.
C : 안녕, 나노! 네가 그로 인해 구조된 강아지구나!

Hola, humano.
Gracias por el rescate.
Hi, human. Thanks for the rescue.
안녕, 인간. 구조해줘서 고맙다.

8 이미 수리해줬어.

 Vincent
¡Se me rompió / el celular!
To me (it) broke / the phone!

 Karen
¿Qué le pasó? / ¿No era nuevo?
What to it happened? / Not (it) was new?

 Vincent
Desafortunadamente, / cuando estaba corriendo /
Unfortunetaly, / when (I) was running /

para tomar el autobús, / me tropecé /
to take the bus, / (I) tripped on /

con alguien / y se me cayó.
with someone / and to me (it) fell.

 Karen
¡Pero / qué mala suerte! / ¿Se podrá reparar?
But / what bad luck! / (It) be will can repaired?

 Vincent
Ya fue reparado / por un ingeniero / que conozco.
Already (it) was repaired / by an engineer / that (I) know.

Pero me salió / muy caro.
But to me cost / very expensive.

 Karen
¡No te preocupes, amigo!
Dont worry, friend!

¡Sigue trabajando duro / para recuperar /
Keep working hard / in order to recover /

el dinero perdido!
money lost!

Se han roto el celular y mi corazón.
The phone and my heart got broken.
폰도 마음도 부서졌다.

V : 나 폰이 망가졌어!
K : 어쩌다? 새것 아니었어?
V : 유감스럽게도, 버스를 타려고 뛰고 있었을 때
　　누군가랑 부딪혀서 떨어뜨렸어.
K : 운이 나빴네! 고칠 수 있으려나?
V : 내가 아는 엔지니어가 이미 수리해 줬어.
　　근데 돈이 너무 많이 나왔어.
K : 걱정하지 마, 친구야!
　　잃은 돈 다시 회복하기 위해 계속 열심히 일해라!

9 무엇을 할 수 있을지 생각 중이야!

Lucas
¡Wow! / ¿Por qué / hay tanta comida?
Wow! / Why / there is that much food?

Montes
Sabes que / hoy / es el cumpleaños de Karen.
(You) know that / today / is the birthday of Karen.

Lucas
¿Todo esto / fue preparado / por vosotros?
All this / was prepared / by you guys?

Montes
Claro que sí. / La pasta / fue hecha / por Inés, /
Of course yes. / The pasta / was done / by Inés, /

el pan / fue comprado / por Raúl / y la ensalada /
the bread / was bought / by Raúl / and the salad /

fue preparada / por mí.
was prepared / by me.

Lucas
¿Y el vino?
And the wine?

Montes
Ah, el vino / fue traído / por Ruben.
Ah, the wine / was brought / by Ruben.

¡Lo trajo / directamente de Chile!
(He) it brought / directly from Chile!

Lucas
¡No me digas! / ¡Ahora / estoy pensando en /
Don't to me say! / Now / (I) am thinking in /

qué puedo hacer yo / para Karen!
what (I) can do I / for Karen!

L : 와! 왜 이렇게 음식이 많아?
M : 오늘 카렌 생일인 거 알잖아.
L : 이걸 다 너희들이 준비한 거야?
M : 당연하지. 파스타는 이네스가 했고, 빵은 라울이 샀고
　　샐러드는 내가 준비했어.
L : 와인은?
M : 아, 와인은 루벤이 가지고 왔어.
　　칠레에서 직접 가지고 왔대!
L : 진짜? 이제 나는 카렌을 위해 무엇을 할 수 있을지 생각 중이야!

·TIP

Hay que comer pasteles
en los cumpleaños.
We sholud eat cake on our birthdays.
생일에는 케이크를 먹어야 해요.

Montes

¡Ah! Nadie ha comprado flores.
Ah! Nobody has bought flowers.

¿Quieres comprarlas tú?
You want to buy it you?

Lucas

¡Con gusto!
With pleasure!

> M : 아! 아무도 꽃을 안 샀다.
> 네가 살래?
> L : 물론이지!

⑩ 해야 할 게 뭐가 더 남았지?

Lidia

¿Qué más / nos falta hacer?
What more / for us left to do?

Clara

Uhm... Ya / hemos limpiado la casa, /
Uhm... Already / (we) have cleaned the house, /

la comida / está casi preparada...
the food / is almost prepared...

Lidia

¡Nos olvidamos / de comprar vino y pan!
We forgot / to buy wine and bread!

Clara

¡Tienes razón! / Ya casi todo / estaba listo... / ¿vas tú?
(You) have reason! / Already almost everything / was done... / Go you?

Lidia

Pero yo estoy preparando la comida...
But I am preparing the food...

> L : 해야 할 게 뭐가 더 남았지?
> C : 음... 집은 이미 청소했고,
> 음식도 거의 다 준비되어 있고…
> L : 와인이랑 빵 사는 걸 잊었다!
> C : 맞네! 거의 다 준비되어 있었는데... 네가 가니?
> L : 근데 나 음식 준비하고 있는데...

역구조동사 Faltar

Faltar 동사는 이처럼 역구조동사로 쓰이고, 상황에 따라 '남다', '부족하다'의 뜻으로 사용됩니다.

1) 시험까지 3시간 남았어.
⋯➔ Nos faltan tres horas para el examen.

2) 빠에야에 소금이 부족하다(싱겁다).
⋯➔ A la paella le falta sal.

En los domingos soy el cocinero.
On Sundays, I'm the chef.
일요일엔 내가 요리사.

Clara

La comida / ya está casi hecha.
The food / already is almost done.

¡Vamos juntas! / Te espero.
Let's go together! / To you (I) wait.

Lidia

Entonces / tú sigue ordenando / un poco más /
Then, / you keep arranging / a little more /

la casa / mientras yo cocino.
the house / while I cook.

Clara

¡A su orden!
At your order!

C : 음식 거의 다 됐네.
  같이 가자! 기다릴게.
L : 그럼 내가 요리하는 동안 너는 집 정리를 조금 더 하고 있어 봐.
C : 알겠습니다!

Mientras (~하는 동안)

'~동안'이라고 할 때 영어에도 During과 While 두 개가 있는 것처럼 스페인어에도 두 가지가 있습니다.

1) Durante + 기간 = (기간) 동안
• 나는 방학 동안 스페인에 갔다.
⋯ Yo fui a España durante las vacaciones.

2) Mientras + 문장 = ~하는 동안
• 내가 요리할 동안 너는 공부를 하렴.
⋯ Tú estudia mientras yo cocino.

---

11 추천해줄 만한 영화 없어?

Miguel

¿Qué / estás haciendo?
What / (you) are doing?

Yoomin

Estoy buscando / una película / para descargar.
(I) am searching / a movie / to download.

¿No tienes alguna / para recomendarme?
(You) don't have some (movie) / to recommend me?

Miguel

Yo ahora estoy viendo / una película / pero no sé
I now am seeing / a movie / but (I) don't know

si te va a gustar.
if you are going to like.

M : 뭐 하고 있어?
Y : 다운로드할 영화 하나 찾고 있어.
  추천해줄 만한 영화 없어?
M : 나 지금 영화 보고 있는데, 네가 좋아할지 모르겠어.

Hay tantas películas
que todavía no he visto.
There are so many movies
that I haven't watched.
아직 안 본 영화가 너무 많아.

Yoomin

¿Cómo se llama?
How is (it) called?

Miguel

"La sociedad de los poetas muertos"
"The Society of the poets dead"

Yoomin

Tengo ganas / de ver una película cómica /
(I) feel like / to see a movie comic /

comiendo palomitas. / Viendo esa película /
eating popcorns. / Seeing that movie /

creo que / me voy a dormir.
(I) think that / (I) will fall asleep.

Miguel

¡Para nada! / Pero si no te interesa,
Not at all! / But if (you) are not interested,

sigue buscando.
keep searching.

Yoomin

De acuerdo. / De todos modos, gracias.
Okay. / Anyway, thank you.

> Y : 이름이 뭔데?
> M : "죽은 시인의 사회"
> Y : 팝콘 먹으면서 코믹영화를 보고 싶어.
>   그 영화 보면 잠들 것 같아.
> M : 전혀 안 그래!
>   하지만, 관심 없으면, 계속 찾아봐.
> Y : 그래. 어쨌든, 고마워.

Palomitas (팝콘)

한국에서는 영어 그대로 '팝콘'이라고 하는 것
이 스페인과 중남미 국가들에서는 정말 다양한
이름을 갖습니다.

페루 Canchitas
아르헨티나 Pochoclos
과테말라 Pororopo
콜롬비아 Crispetas
멕시코, 스페인 Palomitas

Voy al cine para comer palomitas.
I go to the theater to eat popcorns.
나는 팝콘 먹으러 영화관에 가요.

03

수동태와 비교급

수동태

재귀수동태

전치사

비교급

최상급

Se ha roto el vaso.
꽃병이 깨졌어!

능동태 나는 벽을 칠한다.

수동태 벽은 나에 의해 칠해졌다.

주어가 어떤 일을 스스로 하면 능동태 문장이라고 합니다.
반대로 주어가 어떤 일을 당한다는 의미를 가지고 있다면 수동태 문장입니다.
스페인어에서 수동태 문장을 만드는 방법은 어렵지 않습니다.
배운 내용의 조합이기 때문이죠.

▶ 그 남자는 도둑을 잡는다. → 그 도둑은 그 남자에게 잡힌다.

능동태

명사 **El hombre** / 동사 **atrapa** / 명사 **al ladrón**

수동태

명사 **El ladrón** / Ser 현재+과거분사 **es atrapado** / 명사 **por el hombre**

세 가지 유의하실 점이 있습니다.
첫 번째, 여기서는 Ser 동사가 시제를 담당합니다.
그러므로 '도둑들은 남자에게 잡혔다'라고 말하려면
Ser의 과거형을 써줘야 합니다.
두 번째, 과거분사는 주어에 따라 성수를 맞춰 주어야 합니다.
세 번째, 수동문의 행위자 앞에 전치사 Por를 넣어 주어야 합니다.

▶ 도둑들은 남자에게 잡혔다.

명사 **Los ladrones** / Ser 과거+과거분사 **fueron atrapados** / 명사 **por el hombre**

TIP

읽어
보세요 **다양한 수동태 예문**

능동태

Pablo Neruda escribió muchos poemas.

Pablo Neruda는 많은 시를 썼다.

수동태

Muchos poemas fueron escritos por Pablo Neruda.

많은 시가를 Pablo Neruda가 썼다.
(Pablo Neruda로부터 쓰여졌다)

능동태

Irene solucionó el problema.

Irene는 문제를 해결했다.

수동태

El problema fue solucionado por Irene.

(그) 문제는 Irene가 해결했다.
(Irene로부터 해결됐다)

능동태

Leticia ha abierto la puerta.

Leticia가 문을 열었다.

수동태

La puerta ha sido abierta por Leticia.

(그) 문은 Leticia가 열었다.
(Leticia로부터 열렸다)

수동태와 현재완료시제가 같이 쓰일 때
과거분사 형태가 두 개 연달아 옵니다.

Sido, Abierto

이때 시제의 일부로 쓰인
과거분사(Sido)는 형태변화를 하지 않고,
수동을 위해 쓰인 과거분사(Abierto)는
주어인 명사(La puerta)에 성수일치를
해야 합니다.

한눈에 배운다!
재귀수동태

Se의
또 다른 용법

앞에서 배운 수동태는 보통 형식적인 자리에서 많이 사용하지만,
일상생활에서는 재귀수동태를 더 많이 사용합니다.
수동태보다 더 간단한 방법으로 동사 앞에 Se를 붙여주면 됩니다.
이때, 동사는 3인칭만 사용됩니다.

▶ 숙제들은 채점됐다.

3인칭 복수

Se corrigieron   **las tareas**

능동태 ▶ 선생님이 숙제를 채점했다.

El maestro corrigió las tareas.
└ the teacher ┘ └ corrected ┘ └ the tasks ┘

수동태 ▶ 숙제들은 선생님으로 인해 채점됐다.

Las tareas fueron corregidas
└ the tasks ┘ └ were corrected ┘

por el maestro.
└ by the teacher ┘

재귀수동태에서는 주어가 생략되어 있습니다.
누가 행위를 했는지 중요하지 않을 뿐더러 누가 했는지도 모르는 상황입니다.

재귀수동태 ▶ 숙제들은 채점됐다.

Se corrigieron las tareas.
└ were corrected ┘ └ the tasks ┘

TIP

읽어
보세요
《 **재귀수동태와
무인칭 Se의 차이**

무인칭 Se는 항상 3인칭 단수로만 쓰입
니다. 즉 주체가 없는 문장에 사용됩니다.
날씨를 표현할 때에도 사용되지요. 반면
재귀수동태는 3인칭 단수 그리고 3인칭
복수 모두 사용이 가능합니다.

Practice
수동태

따라 말하기

해석을 보고 다음 문장의 단어들을 수동태로 바꾸어 순서대로 정렬해보세요.

1 나는 숙제를 한다. ···→ 숙제는 나에 의해 해졌다.

Yo hago la tarea

↳ La tarea es hecha por mí.

------

2 다니엘라가 꽃병을 깼다. ···→ 꽃병은 다니엘라에 의해 깨졌다.

Daniela ha roto el vaso

↳

------

3 네가 문을 열었다. ···→ 문은 너에 의해 열렸다.

Tú abriste la puerta

↳

------

4 우리가 편지를 썼다. ···→ 편지는 우리에 의해 쓰였다.

Nosotros escribimos la carta

↳

------

5 너희들은 열쇠를 책상에 놓았다. ···→ 열쇠는 너희들에 의해 책상에 놓였다.

Vosotras habéis puesto la llave en la mesa

↳

------

6 당신이 창문을 닫았다. ···→ 창문은 당신에 의해 닫혔다.

Usted ha cerrado la ventana

↳

------

7 경찰은 단서를 발견할 것이다. ···→ 단서는 경찰에 의해 발견될 것이다.

La policía   va a descubrir   la pista

↳

---

8 내가 이 아이디어를 제안했다. ···→ 이 아이디어는 나에 의해 제안되었다.

Yo   ha propuesto   esta idea

↳

---

9 피카소가 이 그림을 그렸다. ···→ 이 그림은 피카소에 의해 그려졌다.

Picasso   pintó   este cuadro.

↳

---

10 플로르가 이 책을 썼다. ···→ 이 책은 플로르에 의해 쓰였다.

Flor   escribió   este libro.

↳

---

11 바리스타가 커피를 만들었다. ···→ 커피는 바리스타에 의해 만들어졌다.

El barista   ha hecho   el café.

↳

---

12 그녀는 그를 사랑한다. ···→ 그는 그녀에게 사랑을 받는다.

Ella   le ama   a él.

↳

· 정답입니다!

1 La tarea es hecha por mí. 2 El vaso ha sido roto por Daniela. 3 La puerta fue abierta por ti.
4 La carta fue escrita por nosotros. 5 La llave ha sido puesta en la mesa por vosotras.
6 La ventana ha sido cerrada por usted. 7 La pista va a ser descubierta por la policía.
8 Esta idea ha sido propuesta por mí. 9 Este cuadro fue pintado por Picasso.
10 Este libro fue escrito por Flor. 11 El café ha sido hecho por el barista.
12 Él es amado por ella.

전치사란 무엇일까요? 우선 우리말로 쉽게 설명해드리겠습니다.
'침대'는 명사입니다.
하지만 '침대 위의'라는 표현도 있고, '침대 위로'라는 표현도 있죠?
이 표현들은 여전히 명사일까요? 그렇지 않습니다.
'침대'라는 명사에 어떤 표현을 결합하니 다른 품사로 변신했습니다.

침　　대 : 명사 Cama [까마]
침대 위의 : 형용사
침대 위로 : 부사

이렇게 명사에 결합하는 표현을 우리말에서는 보통 '조사'라고 부르고,
유럽어에서는 '전치사'라고 부릅니다.
조사는 명사의 뒤에 두지만, 전치사는 그 이름대로 명사의 앞에 둡니다.
위의 전치사들은 모두 침대라는 명사 앞에,
아래의 전치사들은 모두 상자라는 명사 앞에 둔 예입니다.

조사: 명사 뒤에 위치

▶우리말 : 🧱 의 너머에

전치사: 명사 앞에 위치

▶유럽어 : Tras 🧱
　　　　　뜨라쓰

그러면 '침대 위의', 혹은 '침대 위로'라는 표현의 품사는 무엇일까요?
'침대'라는 단어는 명사이지만 전치사가 붙고 나면 형용사나 부사로 변신합니다.

▶ 침대 위의 고양이

고양이(명사)를 꾸미고 있으니
형용사라 부른다

▶ 침대 위로 뛰다

뛰다(동사)를 보충 설명하고 있으니
부사라 부른다

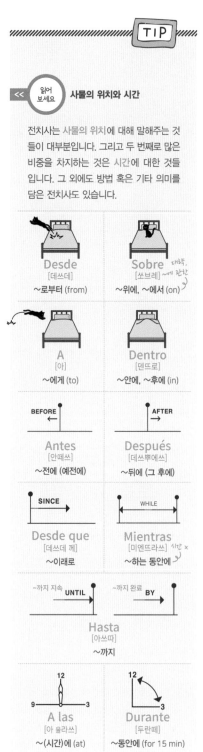

《 읽어
　보세요　**사물의 위치와 시간**

전치사는 사물의 위치에 대해 말해주는 것
들이 대부분입니다. 그리고 두 번째로 많은
비중을 차지하는 것은 시간에 대한 것들
입니다. 그 외에도 방법 혹은 기타 의미를
담은 전치사도 있습니다.

Desde [데쓰데] ~로부터 (from)	Sobre [쏘브레] 대략, ~에 관한 ~위에, ~에서 (on)
A [아] ~에게 (to)	Dentro [덴뜨로] ~안에, ~후에 (in)
BEFORE ← Antes [안떼쓰] ~전에 (예전에)	AFTER → Después [데쓰뿌에쓰] ~뒤에 (그 후에)
SINCE → Desde que [데쓰데 께] ~이래로	WHILE Mientras [미엔뜨라쓰] 시간 × ~하는 동안에
~까지 지속 UNTIL	~까지 완료 BY
Hasta [아쓰따] ~까지	
12 / 9—3 / A las [아 울라쓰] ~(시간)에 (at)	12 / 3 / Durante [두란떼] ~동안에 (for 15 min)

전치사+명사=형용사

명사 앞에 전치사를 붙이면 형용사구가 됩니다.

▶ 침대 위의 고양이

명사	전치사 + 명사
Gato	**en la cama**
Cat	on the bed

전치사+명사=부사

명사 앞에 전치사를 붙이면 부사구가 됩니다.

▶ 침대 위에서 뛰는 중

동사	전치사 + 명사
Saltando	**en la cama**
Jumping	on the bed

전치사+형용사=부사

부사구 역시 동사를 꾸밉니다. 부사구 만드는 법은 다음과 같습니다.

▶ 쉽게 요리하세요.

동사	전치사 + 형용사
Cocine	**de manera fácil**
Cook	in easy way

<< 읽어
보세요 **자주 쓰이는 부사구**

A veces [아 베쎄스]
가끔, 때때로

De verdad [데 베르닫]
실제로, 진짜로, 과연

Por fin [뽀르 핀f]
마침내, 결국

Al final [알 피f날]
끝내, 마침내

Con cuidado [꼰 꾸이다도]
조심히, 신중히, 조심스럽게

A la vez [아 을라 베쓰]
동시에

Al principio [알 쁘린씨삐오]
처음에

A와 B를 비교할 때 우리는 'A는 B보다 더 ~하다'고 말합니다.
영어의 More과 Than이 짝을 이루듯,
스페인어에서는 Más와 Que가 짝을 이루어
비교급을 나타낼 수 있습니다.

반대로, 'A가 B보다 덜 ~하다'고 할 때
영어에서 Less than을 쓰듯, 스페인어에서는 Menos que라고 합니다.

▶ 스페인어는 영어보다 어렵다.

영어

Spanish is more difficult than English.

스페인어

El español es más difícil que el inglés.

하지만 영어에서 More good이라 하지 않고 Better라고 하는 것처럼
스페인어에도 예외가 있고, 이런 예외 형용사들은 따로 외워주어야 합니다.

다음은 지금 우리가 꼭 배우고 넘어가야 할 예외 형용사입니다.
예외 형용사들은 성에 따른 변화는 하지 않고,
단수/복수만 구분하는 특징을 갖습니다.

Bueno → mejor / mejores
좋은 / 더 좋은

Malo → peor / peores
나쁜 / 더 나쁜

Viejo → mayor / mayores
나이가 많은 / 나이가 더 많은

Joven → menor / menores
나이가 적은 / 나이가 더 적은

TIP

<< 읽어
보세요   **비교급의 어순**

비교부사 Más는 수식하는 대상에 따라 위
치가 달라집니다. 다음 예문을 살펴봅시다.

1 Más 명사/형용사/부사 que 비교대상

명사 책상에 사과보다 배가 많다.
**Hay más peras que
manzanas.**

형용사 스페인어는 영어보다 어렵다.
**El español es más difícil que
el inglés.**

2 동사 Más que 비교대상

동사 그녀는 그보다 많이 먹는다.
Ella come más que él.

반대의 의미를 나타내고 싶다면 위 문장
들에서 Más를 빼고 Menos를 넣으시면
됩니다.

'스페인어가 영어보다 어렵다'라는 문장을 봤는데요, 그렇다면

'스페인어가 모든 존재하는 언어들 중 가장 어렵다'
는 어떻게 말할까요?

똑같이 Más라는 부사를 사용하지만 어순이 조금 다릅니다.

▶ 스페인어는 세상에서 가장 어려운 언어이다.

 영어

Spanish is the most difficult language in the world.

 스페인어

El español es la lengua más difícil del mundo.

비교급에서 본 예외 형용사들 기억나시나요?
이 예외 형용사들은 최상급에서도 똑같은 형태를 갖게 됩니다.
다만, 최상급은 '가장 ~하다'는 의미이기 때문에
정관사(el, la, los, las)와 같이 쓴다는 차이만 있어요.

Bueno 좋은	→ **el mejor** **mejor**es 가장 좋은
Malo 나쁜	→ **el peor** **peor**es 가장 나쁜
Viejo 나이가 많은	→ **el mayor** **mayor**es 나이가 가장 많은
Joven 나이가 적은	→ **el menor** **menor**es 나이가 가장 적은

성에 따른 변화는 하지 않고,
단수/복수만 구분하는 특징을 갖는다는 점도 동일합니다.

 TIP

 읽어보세요 **최상급의 어순**

최상급 표현을 할 때에는 정관사도 꼭 써야
하기 때문에 어순이 조금 더 복잡해요. 그래
도 아래 예문을 보고 똑같은 형식으로 쓰면
어렵지 않습니다.

① 정관사 Que más 동사 (de 비교대상)

엘레나는 반에서 가장 많이 먹는 아이이다.
**Elena es la que más come
de la clase.**

② 정관사 명사 Más 형용사

사과는 가장 맛있는 과일이다.
**La manzana es la fruta
más rica.**

비교급과 마찬가지로 반대의 의미,
즉 '가장 ~하지 않은'이라고 하고 싶다면
Más를 빼고 Menos를 넣으시면 됩니다.

Practice
비교급

따라 말하기

✎ 다음 문장을 스페인어로 옮겨적어 보세요.

1 나는 너보다 키가 더 크다. **Yo soy más alto que tú.** ✎

_____

2 그녀는 나보다 친구가 많다.

_____

3 너는 호랑이보다 느리다.

_____

4 마르타는 페르난도보다 똑똑하다.

_____

5 디에고는 나초보다 늦게 도착했다.

_____

6 동생은 나보다 적게 먹는다.

_____

7 내 성적은 너의 성적보다 더 좋다.

_____

8 이 집은 저 집보다 작다.

_____

9 하스민은 안토니오보다 나이가 많다.

_____

10 파블로는 파브리시오보다 스페인어를 잘한다.

_____

▶ 정답입니다!

1️⃣ Yo soy más alto que tú. 2️⃣ Ella tiene más amigos que yo. 3️⃣ Tú eres más lento que un tigre.
4️⃣ Marta es más inteligente que Fernando. 5️⃣ Diego llegó más tarde que Nacho.
6️⃣ Mi hermano come menos que yo. 7️⃣ Mis notas son mejores que las tuyas.
8️⃣ Esta casa es más pequeña que aquella. 9️⃣ Jasmín es mayor que Antonio.
🔟 Pablo habla español mejor que Fabricio.

Practice
최상급

따라 말하기

✎ 다음 문장이 최상급이 되도록 빈칸을 채우세요.

1 내 아들은 반에서 가장 잘생겼다. [잘생긴: Guapo]

Mi hijo es 〔 **el** 〕 〔 **más** 〕 〔 **guapo** 〕 de toda la clase.
　　　　　　정관사　　　más / menos　　형용사

2 이 시계는 네가 가진 것들 중 가장 비싸다.

Este reloj es 〔　　　〕〔　　　〕〔　　　　　〕 de los que tienes.

3 루시아는 내 친구들 중 가장 키가 크다.

Lucía es 〔　　　〕〔　　　〕〔　　　　　〕 de todas mis amigas.

4 토마스는 그의 학교에서 가장 빠르다.

Tomás es 〔　　　〕〔　　　〕〔　　　　　〕 de su escuela.

5 그 해변은 세계에서 가장 아름답다.

Esa playa es 〔　　　〕〔　　　〕〔　　　　　〕 de todo el mundo.

6 마르코스는 그의 학과에서 가장 똑똑하다.

Marcos es 〔　　　〕〔　　　〕〔　　　　　〕 de su departamento.

7 베로니카는 반에서 가장 친절하다.

Verónica es 〔　　　〕〔　　　〕〔　　　　　〕 de la clase.

8 그녀는 학교에서 가장 힘이 세다.

Ella es 〔　　　〕〔　　　〕〔　　　　　〕 de su escuela.

9 아드리아나는 그 그룹에서 가장 안 착하다.

Adriana es 〔　　　〕〔　　　〕〔　　　　　〕 del grupo.

10 이 영화는 내가 본 것들 중 가장 재미없다.

Esta película es 〔　　　〕〔　　　〕 **interesante** de las que he visto.

·정답입니다!·

1 el / más / guapo
2 el / más / caro
3 la / más / alta
4 el / más / rápido
5 la / más / hermosa
6 el / más / inteligente
7 la / más / amable
8 la / más / fuerte
9 la / menos / simpática
10 la / menos

1 해고당했다니 무슨 말이야?

Andrés

¿Lucía sigue hablando / por teléfono?
Lucía keeps talking / by phone?

María

Sí, / es que / Roberto ha sido despedido hoy /
Yes, / is that / Roberto has been fired today /

y parece que / está muy mal.
and seems that / (he) is very bad.

Andrés

¿Cómo que / ha sido despedido?
How that / (he) has been fired?

¿Ha cometido algún error / en el trabajo?
(He) has made some mistake / in the work?

María

Creo que / ha perdido / unos documentos /
(I) think that / (he) has lost / some documents /

importantes / y su jefe / se ha enfadado mucho.
important / and his boss / has gotten angry a lot.

Andrés

¡Qué pena! / Pero / me parece injusto.
What shame! / But / to me (It) seems unfair.

No pueden despedir a alguien / solo porque /
(they) can't fire someone / just because /

se han perdido / unos documentos.
got lost / some documents.

María

Parece que / para la empresa / no lo es.
Seems that / for the company / not it is.

A : 루시아 계속 통화 중이야?
M : 응, 그게 로베르토가 오늘 직장에서 해고당했는데
지금 많이 속상한 것 같아.
A : 해고당했다니 무슨 말이야?
직장에서 무슨 실수라도 했대?
M : 중요한 서류들을 잃어버려서 상사가 많이 화가 난 것 같아.
A : 안됐네! 근데 불공평한 것 같아.
단지 서류를 잃어버렸다고 누군가를 해고시킬 수는 없잖아.
M : 회사 입장에서는 그렇지 않나 봐.

◀ **Despedir vs. Despedirse**

어떤 동사들은 Se와 함께 쓰이는지 여부에 따라 의미가 달라지기도 합니다. Despedir 동사가 그 예시인데요, Se 없이 Despedir라고만 하면 본 예문에서와 같이 **해고하다**라는 뜻이고, Se와 함께 쓰이면 '**작별인사하다**'라는 뜻을 갖게 됩니다. 이때 Se는 상호의 Se로, '서로'라는 의미를 갖습니다.

¿Cómo puede perder los documentos tan importantes?
How can he lose such important documents?
어떻게 이렇게 중요한 서류를 잃어버릴 수 있지?

◀ **Ser, Estar, Parecer 동사의 보어를 대신하는 Lo**

'주어가 어떻다' 혹은 '주어가 무엇이다'라고 할 때 '주어 + Ser / Estar / Parecer + 보어' 구문을 사용합니다. 이 말을 들은 대화 상대방은 보어를 반복해서 말하지 않고 Lo를 사용하여 예문과 같이 말할 수 있습니다.

즉, 마리아가 말한 no lo es에서 lo는 앞에서 안드레스가 말한 injusto를 받는 것이죠.

2 책상 위에서 본 것 같아.

 José
¿Sabes / dónde están / las llaves del coche?
(You) know / where are / the keys of the car?

 Clara
Si no me equivoco, / están dentro / del primer cajón.
If not (I) am wrong, / (the keys) are inside / of the first drawer.

 José
Ya / me he fijado / pero no están ahí.
Already / (I) have checked / but not (they) are there.

 Clara
¡Ah! Creo que / las he visto / sobre el escritorio.
Ah! (I) think that / them (I) have seen / on the desk.

 José
Aquí están. / Muchas gracias.
Here (they) are. / Very much thank you.

J : 차 키 어디에 있는지 알아?
C : 내가 틀리지 않았다면, 첫 번째 서랍 안에 있어.
J : 이미 확인해봤는데 거기 없어.
C : 아! 책상 위에서 본 것 같아.
J : 여기 있다. 고마워.

 TIP

자동차를 말하는 다양한 표현들

앞 단원에서 본 '팝콘'이라는 단어와 마찬가지로, **자동차**를 뜻하는 단어도 지역마다 다릅니다. 함께 살펴볼까요?

스페인 Coche
멕시코 Carro
스페인 / 중남미 Automóvil, Vehículo, Auto

Oh no, Hay mucho tráfico.
Oh no, There's so much traffic.
으악, 차가 너무 많이 막힌다.

3 어디에 있나요? ①

 Karen
¿Dónde está / la ventana?
Where is / the window?

 Ruben
La ventana / está encima del sofá.
The window / is above the sofa.

K : 창문이 어디에 있나요?
R : 창문은 소파 위에 있습니다.

¿Dónde está / la alformbra?
Where is / the rug?

La alfombra está / delante del sofá /
The rug is / in front of the sofa /
y entre el armario / y la mesilla.
and between the closet / and the side table.

¿Dónde están / los libros?
Where are / the books?

Los libros están / sobre el estante.
The books are / above the bookcase.

¿Dónde está / el cuadro?
Where is / the painting?

El cuadro está / a la izquierda de la ventana /
The painting is / at the left of the window /
y encima del estante para libros.
and above the bookcase. (the shelf for books)

¿Dónde está / la lámpara?
Where is / the lamp?

La lámpara está / sobre la mesilla / y debajo del reloj.
The lamp is / above the side table / and under the clock.

K : 카펫이 어디에 있나요?
R : 카펫은 소파 앞에 있고, 옷장과 탁자 사이에 있습니다.
K : 책들이 어디에 있나요?
R : 책들은 책장 위에 있습니다.
K : 그림이 어디에 있나요?
R : 그림은 창문 왼쪽에 있고 책장 위에 있습니다.
K : 램프가 어디에 있나요?
R : 램프는 탁자 위 그리고 시계 밑에 있습니다.

¿Has leído tantos libros?
You have read all these books?
이 많은 책을 다 읽었어?

4 어디에 있나요? ②

Natalia

¿Dónde está / el parque?
Where is / the park?

Federico

El parque / está / entre el museo /
The park / is / between the museum /

y el mercado al aire libre.
and the market outdoor.

Natalia

¿Dónde / se encuentra / la oficina de correos?
Where / is / the office of post?

Federico

La oficina de correos / está / al lado del banco.
The office of post / is / next to the bank.

Natalia

¿Dónde está / el cine?
Where is / the cinema?

Federico

El cine / está / enfrente de la tienda.
The cinema / is / in front of the shop.

Natalia

¿Dónde / se encuentra / el supermercado?
Where / is / the supermarket?

Federico

El supermercado / está / detrás de la plaza.
The supermarket / is / behind the square.

Natalia

¿Dónde está / el café?
Where is / the cafe?

N : 공원이 어디에 있나요?
F : 공원은 박물관과 노천시장 사이에 있습니다.
N : 우체국이 어디에 있나요?
F : 우체국은 은행 옆에 있습니다.
N : 영화관이 어디에 있나요?
F : 영화관은 가게 앞에 있습니다.
N : 슈퍼가 어디에 있나요?
F : 슈퍼는 광장 뒤에 있습니다.
N : 카페가 어디에 있나요?

영화의 장르를 나타내는 표현

다큐멘터리
Los documentales

코미디
Las comedias

액션
Películas de acción

애니메이션
Películas de animación

공상과학(SF)
Películas de ciencia ficción

로맨스
Películas románticas

전쟁영화
Películas bélicas

음악영화
Los musicales

Federico
El café / está / cerca de la piscina.
The cafe / is / close to the swimming pool.

 Natalia
¿Dónde / se encuentra / la iglesia?
Where / is / the church?

 Federico
La iglesia / está / un poco lejos / del centro comercial.
The church / is / a bit far / from the mall.

F : 카페는 수영장 근처에 있습니다.
N : 교회가 어디에 있나요?
F : 교회는 백화점에서 조금 멀리 있습니다.

 TIP

¿Puedo probarme este sombrero?
Can I try this hat on?
이 모자 좀 써봐도 될까요?

5 어떤 게 더 마음에 들어?

 Carlota
Entre este vestido azul / y esta falda negra, /
Between this dress blue / and this skirt black, /
¿cuál / te gusta más?
which (one) / (do) you like more?

 Julia
Creo que / la falda negra / es más bonita /
(I) think that / the skirt black / is more pretty /
que el vestido azul.
than the dress blue.

 Carlota
¿Te parece? / Pero la falda / es más cara /
(You) think? / But the skirt / is more expensive /
que el vestido.
than the dress.

C : 이 파란 원피스와 검정 치마 중에,
    어떤 게 더 마음에 들어?
J : 검은색 치마가 파란 원피스보다 더 예쁜 것 같아.
C : 그래? 근데 치마가 원피스보다 더 비싸.

◀ **여러 가지 의류를 나타내는 표현**

티셔츠 La camiseta
셔츠 La camisa
블라우스 La blusa
재킷 La chaqueta
외투 Eel abrigo
운동복 La sudadera
니트 El jersey
원피스, 드레스 El vestido
조끼 El chaleco
치마 La falda
바지 Los pantalones
정장 El traje
잠옷 La pijama
청바지 Los vaqueros

 Julia

Es más cara / pero es más bonita.
Is more expensive / but is more pretty.

Te recomiendo / comprar la falda.
To you (I) recommend / buy the skirt.

 Carlota

¡De acuerdo!
Okay!

> J : 더 비싸지만 더 예뻐. 치마 사는 걸 추천해.
> C : 알겠어!

6 작년보다 더 늙었어.

 Andrés

¡Oye! / ¡Feliz cumpleaños!
Hey! / Happy birthday!

 Víctor

Muchas gracias, / pero fue ayer.
So much thank you, / but (it) was yesterday.

 Andrés

Lo sé. / Lo siento, / es que / estos días /
It (I) know. / It I'm sorry, / is that / these days /

tengo tanto trabajo / que me olvidé.
(I) have so much work / that (I) forgot.

 Víctor

No te preocupes. / Ya sabes que / siempre /
Don't worry. / Already (you) know that / always /

es mejor tarde que nunca.
is better late than never.

> A : 야! 생일 축하해!
> V : 고마워. 근데 어제였어.
> A : 알아. 미안해. 요즘 일이 너무 많아서 깜빡했어.
> V : 걱정하지 마. 안 하는 것보단 늦게라도 하는 게
>   항상 낫다는 거 알잖아.

> ¿A quiénes invito a la fiesta?
> Who should I invite to the party?
> 파티에 누구누구 초대하지?

너무 A해서 B하다

'너무 A해서 B하다'라고 말하고 싶을 때 사용할 수 있는 구문입니다. 이때 Tanto 뒤에 오는 단어의 품사에 따라 Tanto의 형태와 어순이 다음과 같이 변한다는 점에 주의해주세요.

- Tanto / a / os / as 명사 que 문장
  ⋯ 명사가 너무 많아서 ~하다
- Tan 형용사 / 부사 que 문장
  ⋯ 너무 형용사 / 부사해서 ~하다
- 동사 Tanto que 문장
  ⋯ 너무 동사해서 ~하다

¡Por supuesto!
Of course!

Ahora soy / más viejo / que el año pasado.
Now (I) am / more old / than the year last.

¡Pero / te ves / más joven!
But / you look / more young!

> A : 당연하지!
> V : 지금 나는 작년보다 더 늙었어.
> A : 근데 더 젊어 보여!

7 영어보다 훨씬 더 어려워.

Antes de empezar / a estudiar el español, /
Before of start / to study the Spanish, /

no pensé que / iba a ser tan difícil.
(I) didn't think that / (it) was going to be so hard.

Al principio, / me pareció / muy interesante /
At first, / to me (it) seemed / very interesting /

pero con el tiempo
but with the time

me di cuenta de que / la gramática española /
(I) realized that / the grammer Spanish /

es demasiado complicada.
is too complicated.

Es mucho más difícil / que el inglés.
Is much more hard / than the English.

M : 스페인어 공부를 시작하기 전에
   나는 이렇게 어려울 거라는 생각을 안 했다.
  : 처음에는, 너무 흥미로웠지만 시간이 흐르면서
  : 스페인어 문법이 무척 복잡하다는 것을 깨달았다.
  : 영어보다 훨씬 더 어렵다.

수동의 의미 Te

Ver동사는 '보다'를 뜻했었죠? 그런데 앞에 Te가 붙어 있네요. 여기서 Te는 '수동'의 의미를 갖고 있어요. 따라서 '보다'가 아니라 '보이다'로 해석해야 합니다.

> Poco a poco, se va lejos.
> Little by little, one can go far.
> 조금씩 하다 보면 잘할 수 있을 거야.

~라는 것을 깨닫다

영어로 '깨닫다'라고 할 땐 동사인 Realize를 쓰는데요. 스페인어에서 Realizar 동사는 '실행하다, 시행하다'라는 뜻으로, 철자만 비슷하지 의미는 전혀 다릅니다. 스페인어에서 '깨닫다'라고 할 땐 예문에서처럼 'Darse cuenta de 문장' 구문을 써주시면 됩니다. 이때 Dar와 Se 모두 주어의 인칭과 수에 맞게 변형시켜주는 것도 잊지 마세요!

Pero / después de aprender / todos los tiempos
But / after of learn / all the tenses

verbales / empecé a comprender mejor / el idioma.
verb / (I) began to understand better / the language.

Dicen que / el español es el más difícil /
(People) say that / the Spanish is the most hard /

entre los idiomas / que existen en el mundo.
among the languages / that exist in the world.

　　M : 하지만 모든 시제를 배운 뒤 이 언어를 더 잘 이해하기 시작했다.
　　　 : 세상에 있는 언어들 중에 스페인어가 가장 어렵다고들 한다.

8 얼굴 표정이 왜 그래?

Leticia

¿Qué pasa que / tienes esa cara?
What happen that / (you) have that face?

Vincent

Tengo tantos problemas / en el trabajo
(I) have too many problems / in the work

que estoy muy estresado.
that (I) am very stressed.

Leticia

¡Hombre! / Todo problema / tiene solución.
Man! / All problem / has solution.

Deja de estresarte tanto.
Stop stressing out too much.

Vincent

Tienes razón, / pero estoy tan estresado /
(You) have reason, / but (I) am too stressed /

que no puedo pensar positivamente.
that (I) can't think positively.

　L : 얼굴 표정이 왜 그래?
　V : 요즘 직장에 문제가 하도 많아서 스트레스가 너무 쌓였어.
　L : 야! 모든 문제에는 해결책이 있어.
　　　스트레스 너무 많이 받지 마.
　V : 네 말이 맞아, 근데 너무 스트레스가 쌓여서 긍정적으로
　　　생각할 수가 없다.

TIP

명령법의 동사 규칙

Deja는 동사 Dejar의 직설법 현재시제 3인
칭 단수형태로 알고 있는데, '너'한테 이야
기 하고 있는 상황에서 갑자기 왜 쓰인 걸까
요? 영어 해석을 보시면 알 수 있습니다. 여
기서는 현재시제 평서문이 아닌 명령법으로
쓰인 건데요, 스페인어에서는 명령을 할 때
동사를 다음 규칙에 맞춥니다.

① Tú에게 명령
　(직설법 현재시제 3인칭 단수)
　Deja de estresarte tanto.
　너, 스트레스 너무 받지 마.

② Usted에게 명령
　(접속법 현재시제 3인칭 단수)
　Deje de estresarte tanto.
　당신, 스트레스 너무 받지 마세요.

③ Vosotros에게 명령
　(동사원형의 마지막 철자인 r을 d로 대체)
　Dejad de estresarte tanto.
　너희들, 스트레스 너무 받지 마.

④ Ustedes에게 명령
　(접속법 현재시제 3인칭 복수)
　Dejen de estresarte tanto.
　여러분들, 스트레스 너무 받지 마세요.

04

꾸며주는
형용사와 부사

원형동사 → 명사

TIP 전치사+원형동사
=부사절접속사

TIP 형용사가 명사로!

TIP *Muy* / *Mucho* / *Muchas*
& *Estar* / *Ser* / *Parecer*

명사를 꾸미자!

동사를 꾸미는 부사

**¿Puedes hablar
más despacio, por favor?**
말을 좀 더 천천히 해주시겠어요?

한눈에 배운다!
원형동사 → 명사

재료 의
변신2

영어에서는 명사와 동사가 같은 모양일 때가 많습니다.

Love	Love
사랑	사랑하다

명사   동사

하지만 스페인어에서는 명사와 동사원형의 모양이 서로 다릅니다.

Amor	Amar
사랑	사랑하다

명사   동사

영어에서는 동사를 개조해 명사로 사용할 수 있습니다.
그러나 진짜 명사를 쓸 때와 의미가 조금 다릅니다.

Loving is hard.　　사랑하기는 어렵다.

Love is hard.　　사랑은 어렵다

스페인어에서도 동사를 명사로 **사용**할 수 있습니다.
이때 ing 따위를 붙일 필요 없이 그냥 동사원형을 사용합니다.

동사

Amar es difícil.　　사랑은 어렵다.

스페인어에서는 이런 식의 표현에서 명사를 사용하지 않는 경향이 있습니다.

명사

El amor es difícil. → 어색한 표현

만약 이런 식의 표현에 명사가 사용된다면 의미가 서로 달라질 수 있습니다.

동사

Cantar es difícil.　　노래하기는 어렵다.

명사

El canto es difícil.　노래는 어렵다.

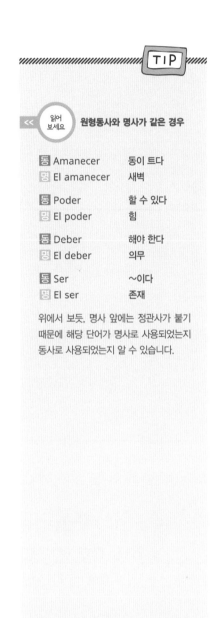

TIP

읽어
보세요　**원형동사와 명사가 같은 경우**

동 Amanecer	동이 트다
명 El amanecer	새벽
동 Poder	할 수 있다
명 El poder	힘
동 Deber	해야 한다
명 El deber	의무
동 Ser	~이다
명 El ser	존재

위에서 보듯, 명사 앞에는 정관사가 붙기
때문에 해당 단어가 명사로 사용되었는지
동사로 사용되었는지 알 수 있습니다.

앞에서 **전치사+명사=부사**라는 사실을 배웠습니다.
원형동사를 명사로 사용하니 **전치사+원형동사=부사**입니다.

전치사
Al + 원형동사 **Amar** = *사랑할 때*

a + el
to + the

▶ 소식을 알게 됐을 때 그는 화를 냈다.

Al conocer la noticia se enojó.
└ to the know ┘ └ the news ┘ └ he got angry ┘

▶ 전쟁에서 돌아온 후에 그는 병에 걸렸다.

Tras volver de la guerra se enfermó.
└ after returning ┘ └ from the war ┘ └ he got sick ┘

▶ 많이 먹었기 때문에 나는 살이 쪘다.

Por comer mucho me engordé.
└ because of eating ┘ └ much ┘ └ I got fat ┘

▶ 스페인을 여행하기 위해서 나는 스페인어를 배운다.

Para viajar a España yo estudio español.
└ to travel ┘ └ to Spain ┘ └ I study Spainsh ┘

▶ 스위치를 누름으로써 들어갈 수 있을 거야.

Con apretar el botón podrás entrar.
└ with pressing ┘ └ the button ┘ └ you could enter ┘

▶ 밤새도록 공부를 했지만 그는 시험에서 떨어졌다.

A pesar de estudiar toda la noche, desaprobó el examen.
└ in spite of studying ┘ └ all the night ┘ └ he failed the exam ┘

¿Qué vestido quieres? Quiero el rojo.
└ which dress (do you) want ┘   └ I want ┘ └ the red ┘

사실 위의 문장은 형용사가 명사로 변신한 것이 아니라 명사가 생략된 것으로 볼 수 있습니다.

Quiero el ~~vestido~~ rojo.

스페인어에는 사실 중성관사가 있습니다.
위와 같은 문장에서 추상적이거나 포괄적인 것을 이야기할 때 중성관사 Lo 가 사용됩니다.

Lo bueno es que volvimos a casa.
└ the good ┘ └ is that ┘ └ we came ┘ └ to ┘
   thing   back   home

그런데 스페인어의 명사에는 중성이 없습니다. 따라서 중성관사 Lo 는 명사를 수식하지 않습니다.
Lo 는 위와 같이 형용사나 부사 앞에 사용됩니다.

Lo	+ 형용사 **lindo**	예쁜 것
Lo	+ 부사 **más difícil**	가장 어려운 것

Lo가 사용된 문장

▶ **Lo que me gusta**   내가 좋아하는 것
    └ the ┘ └ I like ┘
    (thing) that

▶ **Lo que las mujeres dicen**   여자들이 이야기하는 것
    └ the ┘ └ the women say ┘
    (thing) that

▶ **Olvidemos lo de Pedro.**   빼드로의 그 일은 잊자!
    └ let's forget ┘ └ the ┘
              (thing)about

1 Muy : **매우, 몹시**라는 뜻의 부사로 **형용사나 부사를 꾸밀 때**만 사용합니다.
명사와 동사를 꾸밀 수 없습니다.

Muy **linda**
형용사 매우 예쁜

Muy **despacio**
부사 매우 천천히

2 Mucho : **많이, 매우, 몹시**라는 뜻의 부사로 **동사를 꾸밀 때**만 사용합니다.

Yo trabajo mucho
동사 나는 일을 많이 한다.

3 Mucho / Mucha / Muchos / Muchas : **많은, 풍부한**이라는 뜻의 형용사로
명사를 꾸밀 때만 사용합니다.

Mucho **trabajo**
명사 많은 일

Muchas **manzanas**
명사 많은 사과들

형용사와 함께 가는 동사들은 정해져 있죠. 이러한 표현들을 사용해서 질문과 대답을 주고 받는 경우,
질문에서 사용한 형용사를 대답에서 다시 쓰지 않기 위해 Lo로 대신합니다.
그러나 동사는 유지해야 합니다.

1 Estar ¿**Estás** cansado? ···· **Sí,** lo **estoy.** 응, 맞아.
Are you tired? Yes, I am.
너 피곤해? **No, no** lo **estoy.** 아니, 그렇지 않아.
No, I'm not.

2 Ser ¿**Ella es** de colombia? ···· **Sí,** lo **es.** 응, 맞아.
Is she from Colombia? Yes, she is.
그녀는 Colombia 출신이야? **No, no** lo **es.** 아니, 그렇지 않아.
No, she is not.

3 Parecer ¿**Parecemos** hermanos? ···· **Sí,** lo **parecéis.** 응, 그래 보여.
Do we look like brothers? Yes, you are.
우리 형제 같아? **No, no** lo **parecéis.** 아니,
No, you are not. 그래 보이지 않아.

Practice
형용사가 명사로

따라 말하기

✏️ 중성관사 Lo를 활용하여 빈칸을 채워보세요.

1 내가 하고 싶은 것은 노는 것이다.

　Lo　**que quiero hacer**　es jugar.

2 잠을 잘 자는 것이 가장 중요하다.

　Dormir bien es (　　) (　　　　　　　　) .

3 네가 좋아하는 것은 음악이다.

　(　　) (　　　　　　　　) es la música.

4 내가 참지 못하는 것은 소음이다.

　(　　) (　　　　　　　　) son los ruidos.

5 나를 화나게 하는 것은 그의 태도다.

　(　　) (　　　　　　　　) es su actitud.

6 좋은 점은 우리 모두 무사하다는 거야.

　(　　) (　　　　　　　　) es que todos estemos bien.

7 안 좋은 점은 비가 오고 있다는 거야.

　(　　) (　　　　　　　　) es que está lloviendo.

8 우리가 해야 할 일은 와플을 먹는 거야.

　(　　) (　　　　　　　　　　　　) es comer gofres.

┄┄┄┄┄┄┄┄┄┄

정답입니다!

① Lo / que quiero hacer　② lo / más importante　③ Lo / que te gusta　④ Lo / que no soporto
⑤ Lo / que me enfada　⑥ Lo / bueno　⑦ Lo / malo　⑧ Lo / que tenemos que hacer

따라 말하기

✎ 다음 빈칸에 Muy와 Mucho (Mucha, Muchos, Muchas) 중 알맞은 것을 써넣으세요.

1 내 신발은 매우 더럽다.

Mis zapatos son   muy   sucios .

2 파블로는 친구가 많다.

Pablo tiene ( ) amigos .

3 독일어는 매우 어렵다.

El alemán es ( ) difícil .

4 매우 춥다.

Hace ( ) frío .

5 이 수프는 정말 맵다.

Esta sopa es ( ) picante .

6 집에 음식이 많다.

En la casa hay ( ) comida .

7 나는 공부를 많이 했다.

He estudiado ( ) .

8 내 아내는 일을 많이 한다.

Mi esposa trabaja ( ) .

9 우리들은 매우 피곤한 상태다.

Nosotras estamos ( ) cansadas .

10 디아나는 스페인어를 매우 잘한다.

Diana habla español ( ) bien .

· 정답입니다! ·

1 muy
2 muchos
3 muy
4 mucho
5 muy
6 mucha
7 mucho
8 mucho
9 muy
10 muy

117

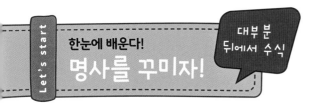

형용사는 명사를 꾸며주는 품사입니다.
스페인어의 명사는 성, 수 구분이 있습니다.
그리고 형용사는 명사의 성과 수에 맞춰서 표현해준다는 것 알고 계시죠?

명사
El hombre
그 남자

형용사
alto
키가 큰

▶ 키가 큰 남자

스페인어에서 대체로
형용사가 명사 뒤에 쓰입니다.

영리한   boy

niño   listo

그런데 다음의 두 가지 경우에는 형용사를 명사 앞에 놓습니다.

　1　한정형용사인 경우
　　　　　(지시형용사, 소유형용사, 수량형용사)
　2　명사의 특성을 강조하고 싶을 때
　　　　　(개인적인 느낌, 시적인 활용법)

첫 번째, 명사의 한정성을 나타내주는 한정형용사
(지시형용사, 소유형용사, 수량형용사)가 앞에 쓰이는 예시입니다.

▶ 이 책은 나의 책이다.

지시형용사   소유형용사
Este libro es **mi** libro.

▶ 한 권의 책

수량형용사
un libro

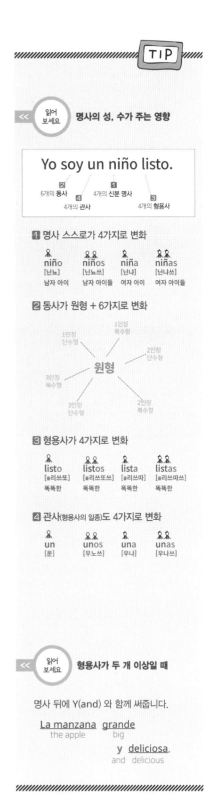

TIP

《 읽어
보세요   **명사의 성, 수가 주는 영향**

Yo soy un niño listo.

② 6개의 동사
④ 4개의 관사
① 4개의 신분 명사
③ 4개의 형용사

1 명사 스스로가 4가지로 변화

niño   niños   niña   niñas
[닌뇨]   [닌뇨쓰]   [닌냐]   [닌냐쓰]
남자 아이   남자 아이들 여자 아이   여자 아이들

2 동사가 원형 + 6가지로 변화

1인칭
단수형
1인칭
복수형
2인칭
단수형
원형
3인칭
복수형
3인칭
단수형
2인칭
복수형

3 형용사가 4가지로 변화

listo   listos   lista   listas
[을리쓰또]   [을리쓰또쓰] [을리쓰따]   [을리쓰따쓰]
똑똑한   똑똑한   똑똑한   똑똑한

4 관사(형용사의 일종)도 4가지로 변화

un   unos   una   unas
[운]   [우노쓰]   [우나]   [우나쓰]

《 읽어
보세요   **형용사가 두 개 이상일 때**

명사 뒤에 Y(and) 와 함께 써줍니다.

La manzana grande
the apple   big
　　　　　　y deliciosa.
　　　　　and delicious

두 번째 경우에는 해석과 느낌이 아래와 같이 달라집니다.

▶ 예쁜 드레스

Un vestido hermoso

길거나 밉거나 짧거나 등 여러 형태를 말하는 것

Un hermoso **vestido**

이 유일한 드레스의 특성을 이야기하는 것

구체적인 예시를 들어보겠습니다.

▶ 엘사는 예쁜 드레스를 샀다.

Elsa compró un vestido hermoso.

많은 드레스 중에서 예쁜 것을 골랐다.

Elsa compró un hermoso **vestido.**

그 드레스가 예쁘다는 것을 꼭 말해 주고 싶어.

어떤 명사들은 다음에 나올 형용사가 뻔해 보일 때가 있습니다.
'설탕' 하면 달콤함이 떠오르는 것처럼요.
이럴 때도, 형용사를 앞에 쓸 수 있는데
역시 강조의 표현이거나 시적인 느낌의 표현이 됩니다.

▶ 달콤한 설탕

Dulce **azúcar**

▶ 하얀 눈

Blanca **nieve**

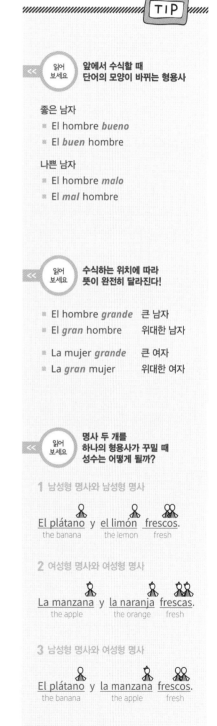

TIP

읽어
보세요
**앞에서 수식할 때
단어의 모양이 바뀌는 형용사**

좋은 남자
- El hombre *bueno*
- El *buen* hombre

나쁜 남자
- El hombre *malo*
- El *mal* hombre

읽어
보세요
**수식하는 위치에 따라
뜻이 완전히 달라진다!**

- El hombre *grande*   큰 남자
- El *gran* hombre   위대한 남자

- La mujer *grande*   큰 여자
- La *gran* mujer   위대한 여자

읽어
보세요
**명사 두 개를
하나의 형용사가 꾸밀 때
성수는 어떻게 될까?**

1 남성형 명사와 남성형 명사

El plátano y el limón frescos.
the banana   the lemon   fresh

2 여성형 명사와 여성형 명사

La manzana y la naranja frescas.
the apple   the orange   fresh

3 남성형 명사와 여성형 명사

El plátano y la manzana frescos.
the banana   the apple   fresh

한눈에 배운다!
동사를 꾸미는 부사

성수와
상관 없다

부사는 동사를 꾸밉니다. 부사는 성수와 관련이 없습니다.

▶ 나는 여기서 사과를 삽니다.

Yo compro aquí la manzana.
└ buy ┘└ here ┘

위치부사

¿Dónde?
어디?
라는 질문에 답할 수 있게 해줍니다.

Aquí [아끼]	여기, 이곳
Acá [아까]	이곳에, 이쪽에
Allí [아이]	저기, 저 곳
Allá [아야]	저리, 저쪽으로
Cerca [쎄르까]	가까이
Lejos [을레호쓰]	멀리
Delante [델란떼]	앞에
Detrás [데뜨라쓰]	뒤에
Encima [엔씨마]	위에
Debajo [데바호]	밑에
Dentro [덴뜨로]	안에
Fuera [푸에라]	밖에
Arriba [아르~이바]	위에
Abajo [아바호]	밑에

시간부사

¿Cuándo? ¿Cada cuándo?
언제? 얼마나 자주?
라는 질문에 답할 수 있게 해줍니다.

Hoy [오이]	오늘
Ahora [아오라]	지금
Mañana [만냐나]	내일
Ayer [아예르]	어제
Anoche [아노체]	어제 저녁
Previamente [쁘레비아멘떼]	미리, 사전에
Recientemente [르~에씨엔떼멘떼]	최근에
Diariamente [디아리아멘떼]	매일
Frecuentemente [프레꾸엔떼멘떼]	자주
Todavía [또다비아]	아직
Ya [야]	벌써, 이미
Nunca [눈까]	결코… 아니다
Siempre [씨엠쁘레]	항상

TIP

읽어
보세요
mente로 끝나는 부사

부사 중에는 형용사에서 변신한 부사들이
있습니다. ~mente로 끝나는 부사들이
바로 그것입니다.

● 형용사 여성 단수에
mente를 붙여주면 됩니다.

Rápido 빠른
→ Rápida + mente
= Rápidamente 빠르게

e 또는 자음으로 끝나는 형용사는
바로 mente를 붙여줍니다.

Fácil 쉬운
→ Fácil +mente
= Fácilmente 쉽게.

● mente로 끝나는 부사가
여러 개 붙는 경우 마지막 단어에만
mente를 쓰면 됩니다.

Cocine fácil y rápidamente.
쉽고 빠르게 요리하세요.

수량부사

¿Cuánto?
얼마나?
라는 질문에 답할 수 있게 해 줍니다.

Demasiado [데마시아도]	지나친, 너무
Mucho [무초]	많은
Poco [뽀꼬]	거의 없는
Menos [메노쓰]	적게
Más [마쓰]	더
Tanto [딴또]	그렇게나 많은 형용사나 부사를 수식할 땐 tan
Bastante [바쓰딴떼]	꽤, 충분히

방법부사

¿Cómo?
어떻게?
라는 질문에 답할 수 있게 해 줍니다.

Bien [비엔]	잘
Mal [말]	나쁘게
Así [아씨]	그렇게
Aún [아운]	아직
Como [꼬모]	~처럼
Peor [뻬오르]	더 나쁜
Pronto [쁘론또]	신속히, 일찍
Despacio [데쓰빠씨오]	천천히
Seriamente [쎄리아멘떼]	진지하게
Fácilmente [파씰멘떼]	쉽게

TIP

<< 읽어
보세요 **부정을 나타내는 부사들**

- *No* [노]
  : ~아니다, ~않다
  Yo *no* bailo sola.
  나는 혼자 춤을 안 춘다.

- *Nunca* [눈까]
  : 결코 ~아니다, 한번도 ~아니다.
  Yo *nunca* bailo sola.
  나는 결코 혼자 춤을 안 춘다.

- *Jamás* [하마쓰]
  : 결코 ~아니다, 절대로 ~아니다
  Yo *jamás* bailo sola.
  나는 절대로 혼자 춤을 안 춘다.

- *Tampoco* [땀뽀꼬]
  : ~도 아니다, 그밖에 ~도 아니다
  Yo *tampoco* bailo sola.
  나도 혼자서 춤을 안 춘다.

그럼 이쯤에서 부사의 위치를 알아보도록 하겠습니다.

▶ 나는 여기서 사과를 삽니다.

수식하는 동사 뒤가 대부분

Yo compro aquí la manzana.
└ buy ┘ └ here ┘

▶ 여기서 나는 사과를 삽니다.

강조하고 싶을 때,
시간이나 장소를
표현할 때는 앞으로

Aquí compro la manzana.

1 뭐 하는 걸 좋아해?

Carlos

¿Qué te gusta hacer / en tu tiempo libre?
What you like to do / in your free time?

Javier

Bueno, / para empezar / me gusta mucho /
Well, / to start / (I) like a lot /

hacer ejercicio.
do exercise.

A pesar de / no tener suficiente tiempo /
In spite of / not have enough time /

por el trabajo / durante la semana,
because of work / during the week,

hago todo lo posible / para ir al gimnasio / diariamente.
(I) do everything possible / in order to go to the gym / daily.

También me gusta bastante / correr y montar /
Also (I) like a lot / run and ride /

en bicicleta.
a bike.

En caso de los fines de semana,
In case of the weekends,

lo que más me gusta hacer / en mi tiempo libre /
the thing that most (I) like to do / in my free time /

es ir de cámping / con mi familia / o con mis amigos.
is go camping / with my family / or with my friends.

C : 너는 여가 시간에 뭐 하는 걸 좋아해?
J : 음, 일단 나는 운동하는 걸 많이 좋아해.
  : 주중에 일하기 때문에 충분한 시간이 없음에도 불구하고
  : 매일 헬스장에 가려고 최선을 다해.
  : 달리기와 자전거 타는 것도 많이 좋아해.
  : 주말 같은 경우에는,
    내 여가 시간에 가장 하기 좋아하는 것은
    가족이나 친구들이랑 캠핑 가는 거야.

¡Qué romántico!
How romantic!
이런 게 낭만이지!

Javier

Aunque cuando hace mal tiempo /
Although when does bad weather /

no me queda otra opción / que hacer otra cosa,
not for me left other option / than do other thing,

siempre / trato de hacer /
always / (I) try to do /

muchas cosas / en mi tiempo libre.
many things / in my free time.

Nunca / me quedo en casa / sin hacer nada.
Never / I stay in home / without doing nothing.

J : 날씨가 안 좋을 때는 다른 걸 할 수밖에 없지만,
 : 나의 여가 시간에 항상 많은 것을 하려고 노력해.
    절대 집에서 아무것도 안 하고 있지 않아.

2 지금은 수리 중이야.

Raquel

¿Por qué / vienes en autobús?
Why / (you) come in bus?

¿Dónde está / tu coche?
Where is / your car?

Pablo

Ayer / salí de casa en coche /
Yesterday / (I) left from home in car /

y desafortunadamente / tuve un accidente.
and unfortunately / (I) had an accident.

Raquel

¡Qué horror! / ¿No estás herido?
What horror! / Aren't you hurt?

Pablo

Por suerte, no lo estoy.
Fortunately, (I) am not.

R : 왜 버스 타고 와? 네 차는 어딨어?
P : 어제 차 타고 나왔는데 운 나쁘게 사고가 났어.
R : 끔찍해라! 안 다쳤어?
P : 다행히, 안 다쳤어.

Hay que tener
mucho cuidado al conducir.
You should be very careful when driving.
운전할 땐 매우 조심해야 해요.

Tener 동사의 단순과거 형태

er과거 단순과거 규칙형태 어미는 í, iste,
ió, imos, isteis, ieron 라고 배웠는데요.
Tener동사는 많은 시제에서 그렇듯 불규칙
변화를 합니다. 형태는 다음과 같아요. 어간
도 어간이지만 1, 3인칭에 강세부호(tilde)가
안 붙는다는 점도 기억해주세요.

yo	tuve
tú	tuviste
él	tuvo
nosotros	tuvimos
vosotros	tuvisteis
ellos	tuvieron

123

Pablo

Nunca / he sufrido de un accidente /
Never / (I) have suffered of an accident

de tráfico / en mi vida.
of traffic / in my life.

Me asusté mucho.
(I) got scared a lot.

Raquel

Pero menos mal / que no te lastimaste.
But luckily / that (you) didn´t get hurt.

¿Y tu coche / en qué estado está?
And your car / in what state is (it)?

Pablo

No está tan estropeado / pero igual /
(It) not is too much damaged, / but same /

lo he llevado al taller / y ahora está en reparación.
it (I) have brought to the repair shop / and now (it) is in reparation.

Raquel

Últimamente / hay muchos accidentes /
Recently, / there are many accidents /

de tráfico / por la temporada de lluvias.
of traffic / because of the season of rains.

Siempre ten cuidado.
Always be careful.

Pablo

Tras el accidente, / ahora me da un poco /
After the accident / now (it) makes me a little

de miedo / conducir.
afraid / drive.

Raquel

Lo más / importante / es que/ tú estés bien.
The thing most / important / is that / you are fine.

P : 살면서 교통사고 난 적이 없다. 너무 무서웠어.
R : 그래도 안 다쳐서 다행이다.
　　네 차 상태는 어때?
P : 그렇게 망가지지는 않았는데 그래도 수리 공장에 가져갔어.
　　지금은 수리 중이야.
R : 요즘 장마 때문에 교통사고가 많아. 항상 조심해.
P : 사고 이후로, 이제 운전하는 게 조금 두렵다.
R : 가장 중요한 건 네가 멀쩡하다는 거야.

◀ 기상현상 **관련 표현**

폭염 Olas de calor
한파 Olas de frío
가뭄 Sequías
홍수 Inundaciones
폭우 Lluvias torrenciales
산불 Incendios forestales

¿Cuándo terminará
la temporada de lluvias?

When will the rainy season end?
장마는 도대체 언제 끝나는 거야?

3 몇 페이지 썼어?

Montes

¿Te encuentras / muy ocupado / en este momento?
Are (you) / very busy / in this moment?

Alberto

Sí, lo estoy.
Yes, that(busy) (I) am.

Estoy escribiendo un informe /
(I) am writing a report /

que debo entregar / hasta mañana.
that (I) must submit / until tomorrow.

Montes

¿Es un informe / sobre la literatura española?
Is (it) a report / about the literature Spanish?

Alberto

¿Cómo sabías?
How did (you) know?

Tengo que escribir / como cuarenta páginas.
(I) have to write / like forty pages.

Ya me duele la cabeza.
Already to me hurts the head.

Montes

Me lo contó Hernán, / que está en la misma clase /
To me that told Hernan, / that is in the same class /

que tú. / ¿Por cuántas páginas / vas?
as you. / For how many pages / (you) go?

Alberto

Ahora voy / por la quinta página.
Now (I) go / for the fifth page.

Todavía me falta muchísimo.
Yet to me is left a lot.

M : 지금 많이 바빠?
A : 응, 바빠.
　　　내일까지 제출해야 할 리포트 쓰고 있어.
M : 스페인 문학에 대한 리포트지?
A : 어떻게 알았어?
　　　거의 한 40페이지 써야 해. 벌써 머리 아프다.
M : 너랑 같은 수업에 있는 에르난이 말해줬어. 몇 페이지 썼어?
A : 이제 다섯 번째 페이지야. 아직 엄청 많이 남았어.

Debía haber empezado
más temprano.
I should've started earlier.
좀 더 일찍 시작할 걸.

Como의 다양한 용법

전치사 Como는 용법이 다양해서 문맥에 따라 정확한 의미를 파악하는 것이 중요합니다.

① 자격

Te lo digo **como** profesor.
선생님으로서 말해주는 거야.

② 예시

Me gustan las frutas
como la manzana y la naranja.
나는 사과나 오렌지 등
과일을 좋아한다.

③ 대략적인 수치

Nos vemos **como** a las ocho.
우리 8시쯤에 보자.

④ 이유

Como ella estudia mucho,
va a aprobar el examen.
그녀는 공부를 열심히 하니까
시험에 합격할 거야.

125

Montes

Cuarenta páginas / son demasiadas.
Forty pages / are too much.

Parece que / el profesor / es bastante estricto.
Seems that / the professor / is very strict.

Alberto

Sí, lo es.
Yes, that(strict) (he) is.

Pero tenemos que hacerlo / para poder graduarnos.
But (we) have to do it / in order to can graduate.

Montes

Ya veo. / Entonces, / no te molesto más.
Already (!) see. / Then, / (!) don't you bother more.

¡Sigue con lo tuyo!
Keep doing thing your!

Alberto

¡Gracias, amiga! / Al terminar, / te escribo.
Thanks, friend! / When finish, / to you (I) write.

> M : 40페이지는 너무 많다.
> 교수님이 엄청 엄격하신가 보네.
> A : 응, 맞아.
> 근데 졸업하려면 해야 해.
> M : 그렇구나. 그럼, 더 이상 귀찮게 안 할게.
> 하던 거 해!
> A : 친구야, 고마워! 끝나면, 문자할게.

¡Por fin me gradúo!
Finally I graduate!
드디어 졸업이라니!

4 너를 피하는 이유가 있을 거야.

Sofía

Estoy pensando seriamente / en dejar este trabajo /
(I) am thinking seriously / in quit this job /

que tengo ahora / y buscar otro.
that (I) have now / and look for another.

Roberto

¿Por qué? / ¿Estás harta / de trabajar tanto?
Why? / (You) are tired / of work too much?

> S : 지금 다니고 있는 이 직장 그만두고
> 다른 것 알아볼까 생각 중이야.
> R : 왜? 일 많은 게 지겨워서 그래?

Dejar 동사의 여러 가지 뜻

1) 놓다
   Dejé el coche en el garaje.
   차를 차고에 두었다.

2) 빌려주다
   ¿Me puedes dejar el boli?
   나 볼펜 좀 빌려줄 수 있어?

3) 그만두다
   Hay que dejar de fumar para la salud.
   건강을 위해서 금연해야 한다.

4) 하게 해주다
   Te dejo salir con tus amigos.
   친구들이랑 나가서 놀게 해줄게.

5) 내버려두다
   Déjame en paz.
   나 좀 내버려둬.

Claro que / lo estoy.
Of course that / that(tired) (I) am.

Anoche / salí de la oficina / aproximadamente /
Last night / (I) left from the office / approximately /

a las diez de la noche.
at the ten of the night.

¿De veras? / ¡Eso no está bien!
Really? / That not is good!

Deberías decirselo seriamente / a tu jefe.
(You) should say it seriously / to your boss.

Son demasiadas horas de trabajo.
Are too many hours of work.

Lo sé. / Lo que pasa es que / cada vez / que /
It (I) know. / What happens is that / every time / that /

quiero hablar con él / se hace el ocupado /
I want to talk with him / he becomes busy /

y me esquiva.
and avoids me.

Debe esquivarte / por algo.
(He) must avoid you / because of something.

Seguro que / ya sabe / de qué / le vas a hablar.
Sure that / already (he) knows / about what / to him you are going to talk.

Si sigue haciéndonos / trabajar horas extras, /
If (he) keeps making us / work hours extra, /

voy a dejar de trabajar aquí. / ¡Ya lo verás!
(I) am going to stop of work here. / You will see!

S : 당연하지.
　　어제 사무실에서 밤 10시쯤에 나왔어.
R : 정말? 그건 잘못됐어! 사장님이랑 진지하게 이야기해 봐야겠다.
　　근무 시간이 너무 길어.
S : 알아. 문제는 내가 그와 이야기하고 싶을 때마다
　　항상 바쁜 척하고 나를 피하셔.
R : 너를 피하는 이유가 있겠지.
　　네가 무슨 말 할지 이미 알고 있는 게 분명해.
S : 계속 우리 초과근무하게 하면,
　　여기 그만둘 거야. 두고 봐!

Quiero ir a casa.
I want to go home.
집에 가고 싶다.

Cada의 활용

스페인어의 Cada는 영어의 Each나 Every 에 해당하는 단어인 만큼 다양한 구문에서 사용됩니다.

1) 각각의, 모든
　Cada estudiante debe entregar la tarea.
　각각의 학생은 숙제를 제출해야 한다.

2) ~마다, 매~
　Cada mes voy a la casa de mis padres.
　나는 매달 부모님 댁에 간다.

3) ~명 중 ~명
　Tres de cada cinco personas fuman.
　5명 중 3명은 흡연자다.

4) ~할 때마다
　Cada vez que va a la tienda, compra demasiado.
　그는 가게에 갈 때마다 너무 많이 산다.

꾸며주는 형용사와 부사

5 좋은 것과 나쁜 것

María

Para algunas personas / estudiar es más difícil /
For some people / to study is more difficult /

que trabajar, / y para otras (personas) / es al revés.
than to work, / and for others (people) / is the other way around.

Federico

Hacer como mínimo / media hora de ejercicio /
To do at least / half hour of exercise /

diariamente / es beneficioso para la salud.
daily / is benefitting for the health.

Pablo

Fumar / es perjudicial / para la salud.
To smoke / is harmful / for the health.

Karen

Amar / no significa / sufrir ni doler, /
To love / doesn't mean / to suffer nor to hurt, /

amar es compartir, / ayudar, crecer /
to love is to share, / to help, to grow up /

y disfrutar de la vida / juntos.
and enjoy the life / together.

Javier

¿Tomar café / es bueno o malo / para la salud?
To drink coffee / is good or bad / for the health?

Lucas

Comer regularmente / dos bananas al día /
To eat regularly / two bananas a day /

te dará / múltiples beneficios.
to you will give / multiple benefits.

M : 어떤 사람들에게는 공부하는 것이 일하는 것보다 어렵고,
　　또 어떤 (사람들에게는) 거꾸로다.
F : 매일 하루에 최소 30분씩 운동하는 것은 건강에 좋다.
P : 흡연은 몸에 해롭다.
K : 사랑하는 것은 괴롭거나 아픔을 주는 것이 아니다,
　　사랑하는 것은 함께 나누고, 돕고, 성장하고 삶을 즐기는 것이다.
J : 커피 마시는 것은 건강에 좋은가요 나쁜가요?
L : 규칙적으로 하루에 바나나 2개 먹는 것은 수많은 이익을 준다.

TIP

¿Cuál es tu deporte favorito?
What is your favorite sport?
네가 가장 좋아하는 종목은 뭐야?

과일 이름

사과 La manzana
오렌지 La naranja
바나나 La banana
수박 La sandía
멜론 El melón
체리 La cereza
블루베리 El arándano
키위 El kiwi
망고 El mango
복숭아 El melocotón
파인애플 La piña
포도 La uva

 Vincent

Conducir ebrio / es delito.
To drive drunk / is crime.

 Natalia

Viajar / es soñar despierto.
To travel / is dream awake.

 Andrés

Cantar / nos hace sentir bien /
To sing / to us makes feel good /

y es bueno para nuestra salud.
and is good for our health.

V : 음주운전하는 것은 범죄다.
N : 여행하는 것은 깨어 있는 상태에서 꿈꾸는 것이다.
A : 노래 부르는 것은 우리를 기분 좋게 해주고 우리 건강에 좋다.

TIP

Quiero ser un cantante famoso.
I want to be a famous singer.
나는 유명한 가수가 될 테야.

05

접속법과 직설법

접속법 현재

Ser + 형용사

Que + 접속법? 직설법?

조언, 추천, 명령, 부탁

Me gusta que seas mi amigo.
나는 네가 내 친구라 좋아.

You speak Spanish.
I hope _____ .

영어에서는 하나의 문장이 다른 문장 안에서 명사 역할을 할 수 있습니다.

I hope that you speak Spanish.
　└ 동사 ┘　　　　　　　　명사절

스페인어도 똑같습니다.

▶ 나는 네가 스페인어를 잘했으면 좋겠어.
Espero que hables español.

다만 아래 두 가지만 주의하시면 됩니다.

1　Que와 같은 관계사를 생략할 수 없습니다.

2　주절과 종속절의 주어가 다를 때
　　관계사 뒤에 나오는 동사는 동사의 접속형을 사용합니다.

나는 내가 스페인어를 잘했으면 좋겠어.　　　동사원형
(Yo) espero hablar español.
　　주절　　　　　　종속절

나는 네가 스페인어를 잘했으면 좋겠어.　　　동사 접속형
(Yo) espero que (tú) hables español.
　　주절　　　　　　　　　종속절

이것을 스페인어의 접속법이라고 합니다.
그럼 일단 동사접속형을 만드는 방법부터 살펴보겠습니다.

TIP

《　읽어
　　보세요!　**명사절이란?**

'음식을 먹는다는 것은 행복한 일이다.'

위 문장에서 명사절은 '음식을 먹는다는 것'
입니다. 문장 안에서 서술어를 갖춘 명사의
역할을 하는 덩이를 명사절이라고 부릅니다.

《　읽어
　　보세요!　**직설법과 접속법**

앞 단원에서 배운 모든 것은 스페인어의
직설법이었습니다. 그런데 스페인어에는
시제 이외에 직설법과 접속법이라는 개념
이 존재합니다.

직설법은 화자가 확신을 가지는 사실에
대해 말할 때 사용합니다.
반면 접속법은 주관적인 내용이나 희망,
바람을 나타낼 때 사용하죠. 그리고 접속법
에도 현재완료, 과거, 대과거 같은 시제가
있습니다.

동사접속형을 활용하는 문장이 바로 스페
인어의 접속법입니다.

Estudiar '공부하다'

	직설법 현재	접속법 현재
Yo	estudio	estudie
Tú	estudias	estudies
Él / Usted	estudia	estudie
Nosotros	estudiamos	estudiemos
Vosotros	estudiáis	estudiéis
Ellos / Ustedes	estudian	estudien

Beber '마시다'

	직설법 현재	접속법 현재
	bebo	beba
	bebes	bebas
	bebe	beba
	bebemos	bebamos
	bebéis	bebáis
	beben	beban

Vivir '살다'

	직설법 현재	접속법 현재
Yo	vivo	viva
Tú	vives	vivas
Él / Usted	vive	viva
Nosotros	vivimos	vivamos
Vosotros	vivís	viváis
Ellos / Ustedes	viven	vivan

Tener '가지다'

	직설법 현재	접속법 현재
	tengo	tenga
	tienes	tengas
	tiene	tenga
	tenemos	tengamos
	tenéis	tengáis
	tienen	tengan

앞에서 배운 부분만으로 접속법을 이해하기는 어렵습니다.
접속법을 알맞게 사용하는 일은 생각보다 구체적이고 어렵습니다.
이번 단원에서는 가장 자주 활용되는 접속법을 천천히 정리해보도록 하지요!

Esperar
~을 희망하다

1 Yo espero **no llegar tarde.**
나는 내가 늦게 도착하지 않기를 기대한다.

2 Yo espero que tú **no llegues** tarde.
나는 네가 늦게 도착하지 않기를 기대한다.

Querer
~을 원하다

1 Nosotros **no queremos salir ahora.**
우리는 지금 우리가 나가는 것을 원하지 않는다.

2 Nosotros **queremos** que tú **salgas** ahora.
우리는 지금 네가 나가는 것을 원한다.

TIP

 감탄사 Ojalá

Ojalá que haga buen tiempo.

감탄사 Ojalá가 나오면 주절과 종속절의
주어가 같더라도 동사의 접속형을 씁니다.

Ojalá는 아랍어에서 파생된 어휘로,
"si Dios quiere신이 원한다면" 라는 뜻
입니다.

 바람 / 희망 / 명령

Esperar que, Ojalá가 바람과 희망을
담은 표현이라면 Querer que 는 조금
더 강한 표현(명령)에 가깝습니다.

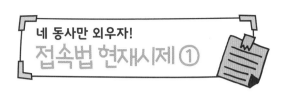

네 동사만 외우자!
접속법 현재시제 ①

따라 말하기

Decir 동사는 접속법 현재시제에서 불규칙변화를 하는 동사입니다.
직설법 현재시제 1인칭 단수형태 기억나시나요?
Digo에서 출발해서 접속법 어미를 붙여주시면 됩니다.

Decir
[데씨르] 말하다

Yo	diga
Tú	digas
Él / **Usted**	diga
Nosotros	digamos
Vosotros	digáis
Ellos / **Ustedes**	digan

Abrir
[아브리르] 열다

Yo	abra
Tú	abras
Él / **Usted**	abra
Nosotros	abramos
Vosotros	abráis
Ellos / **Ustedes**	abran

Venir
[베니르] 오다

Yo	venga
Tú	vengas
Él / **Usted**	venga
Nosotros	vengamos
Vosotros	vengáis
Ellos / **Ustedes**	vengan

어간의 o가 ue로 변하는 불규칙변화 동사

Poder
[뽀데르] 할 수 있다

Yo	pueda
Tú	puedas
Él / **Usted**	pueda
Nosotros	podamos
Vosotros	podáis
Ellos / **Ustedes**	puedan

따라 말하기

 새로운 단어에 동사 변화 규칙을 적용해보세요.

Escribir
[에스끄리비르] 글을 쓰다

Yo	
Tú	
Él / **Usted**	
Nosotros	
Vosotros	
Ellos / **Ustedes**	

Tener
[떼네르] 가지다

Yo	
Tú	
Él / **Usted**	
Nosotros	
Vosotros	
Ellos / **Ustedes**	

Querer
[께레르] 원하다

Yo	
Tú	
Él / **Usted**	
Nosotros	
Vosotros	
Ellos / **Ustedes**	

Vivir
[비비르] 살다

Yo	
Tú	
Él / **Usted**	
Nosotros	
Vosotros	
Ellos / **Ustedes**	

정답입니다!

1 escriba / escribas / escriba / escribamos / escribáis / escriban
2 tenga / tengas / tenga / tengamos / tengáis / tengan
3 quiera / quieras / quiera / queramos / queráis / quieran
4 viva / vivas / viva / vivamos / viváis / vivan

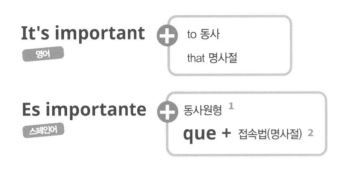

It's important
영어 ➕ to 동사
that 명사절

Es importante
스페인어 ➕ 동사원형 [1]
que + 접속법(명사절) [2]

[1] **Es importante hacer ejercicio.**
운동하는 것은 중요하다.

[2] **Es importante que (tú) hagas ejercicio.**
네가 운동을 하는 것은 중요하다.

Importante 이외에 위와 같은 구문에서 자주 사용되는
형용사 몇 가지를 알아보겠습니다.

Es fundamental 중요한	**Es necesario** 필요한
Es posible 가능한	**Es imposible** 불가능한
Es bueno 좋은	**Es malo** 나쁜
Es interesante 흥미로운	**Es raro** 이상한

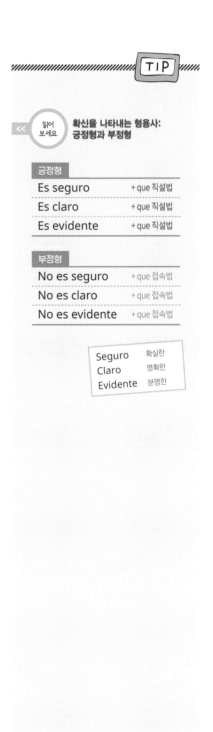

TIP

읽어
보세요 >> **확신을 나타내는 형용사:
긍정형과 부정형**

긍정형

Es seguro	+ que 직설법
Es claro	+ que 직설법
Es evidente	+ que 직설법

부정형

No es seguro	+ que 접속법
No es claro	+ que 접속법
No es evidente	+ que 접속법

Seguro	확실한
Claro	명확한
Evidente	분명한

한눈에 배운다!
Que + 접속법? 직설법?

그때 그때 달라요

Que가 등장한다고 해서 모두 접속법이 아닙니다.
앞서 우리는 주절과 종속절의 주어가 같을 때는
동사원형을 사용한다는 가장 큰 조건을 배웠습니다.
이제 조금씩 세부적으로 하나하나 살펴보지요.

1 직설법을 사용하는 경우

- 확실한 것에 관해 이야기할 때
- 객관적인 사실에 관해 이야기할 때
- 명사 + Que

2 접속법을 사용하는 경우

- 불확실한 것에 관해 이야기할 때
- 주관적인 사실에 관해 이야기할 때

역구조동사가 사용되는 경우
주절과 종속절의 주어가 일치하지 않을 때
접속법을 사용합니다.
만약 일치한다면, 동사원형을 사용합니다.

동사 접속법

Me gusta que (nosotros) trabajemos juntos.

나는 우리가 함께 일하는 것을 좋아한다.

동사원형

Me gusta trabajar contigo.

나는 너와 함께 일하는 것이 좋다.

TIP

《 읽어
보세요

**접속법 활용시
알아두면 좋은 동사들**

역구조동사	
Gustar	좋아하다
Encantar	매우 좋아하다
Molestar	불편하다
Importar	중요하다
Dar igual	똑같다

일반 동사	
Preferir	선호하다
Soportar	견디다
Querer	원하다
Desear	바라다
Esperar	희망하다

다음의 동사들은 간접목적어와 함께 사용됩니다.

Aconsejar	조언하다	**Recomendar / Sugerir**	추천하다
Pedir	부탁하다	**Rogar**	간청하다

이유는 간접목적어가 무조건 사람일 수밖에 없기 때문입니다.
이 동사들에는 두 가지 사용법이 있습니다.

1   간접목적어 **+** **Aconsejar** **+** 동사원형

Recomendar

Pedir

Rogar

2   간접목적어 **+** **Aconsejar** **+** que 접속법

Recomendar

Pedir

Rogar

1 간접목적어
(Yo) <u>te</u> **aconsejo** ir **al médico.**

(나는) 너에게 병원에 가라고 조언하다.

2 간접목적어
(Yo) <u>te</u> **aconsejo** que vayas **al médico.**

(나는) 너에게 의사를 만나보라고 조언한다.

사실 지금 우리는 명사절 만드는 두 가지 방법을 배운 것입니다.

<< 읽어 보세요   **같은 문법이 활용되는 동사들**

Ordenar	명령하다
Permitir	허락하다
Prohibir	금하다
Indicar	지시하다

<< 읽어 보세요   **직설법인지 접속법인지에 따라 의미가 달라지는 경우**

Decir que + 직설법 = 내용

Mi madre dice que ha terminado la tarea.
우리 어머니는 숙제를 끝내셨다고 말한다.

Decir que + 접속법 = 명령

Mi madre dice que yo termine la tarea.
우리 어머니는 나에게 숙제를 끝내라고 말한다.

따라 말하기

✏️ 다음 빈칸에 동사의 알맞은 형태를 써넣으세요.

1 네가 그 식당에 가기를 추천할게.

Te recomiendo　ir　a ese restaurante.

2 아버지는 나에게 기타를 연주하는 걸 허락해주셨다. [연주하다: Tocar]

Mi padre me permitió ⌐‾‾‾‾‾‾‾‾‾‾‾‾‾⌐ la guitarra.

3 나는 친구에게 휴식을 취하라고 조언했다. [휴식을 취하다: Tomar un descanso]

Le aconsejé a mi amigo ⌐‾‾‾‾‾‾‾‾‾‾‾‾‾‾‾‾‾‾⌐ .

4 택시기사는 내 친구에게 영어공부를 하라고 조언했다.

El taxista le aconsejó ⌐‾‾‾‾‾‾‾‾‾‾‾‾‾⌐ a mi amiga.

5 그녀는 그에게 나가지 말라고 부탁한다.

Ella le pide a él ⌐‾‾‾‾‾‾‾‾‾‾‾‾⌐ .

6 회사는 사람들이 들어가는 걸 금지하고 있다. [금지하다: Prohibir]

La empresa prohíbe ⌐‾‾‾‾‾‾‾‾‾‾‾‾⌐ las personas.

7 선생님은 우리에게 공부를 하라고 하신다.

La profesora nos dice ⌐‾‾‾‾‾‾‾‾‾‾‾‾‾⌐ .

8 나는 너희들이 스페인어를 잘하길 바라. [스페인어를 하다: Hablar español]

Deseo ⌐‾‾‾‾‾‾‾‾‾‾‾‾‾‾‾‾‾⌐ .

정답입니다!

1 ir 2 tocar 3 tomar un descanso 4 estudiar inglés 5 que no salga
6 que entren 7 que estudiemos 8 que habléis bien el español

1 사랑하는 친구에게

Yamili

Querida amiga,
Dear friend,

¿Cómo estás? / Espero que estés bien.
How are you? / I hope that (you) are fine.

siento que / no te haya respondido antes, /
(I) am sorry that / to you (I) have not responded before, /

he estado ocupada.
(I) have been busy.

Te cuento / que el próximo mes /
To you (I) tell / that the next month /

voy a ir a visitarte a Madrid. /
(I) am going to go to visit you to Madrid. /

¡Espero que / estés disponible!
(I) hope that / (you) are available!

Cuando sepa / exactamente /
When (I) know / exactly /

en qué fechas voy a ir, / te aviso.
in what dates (I) will go, / to you (I) tell.

¡Quiero que / nos veamos pronto!
(I) Want that / (we) meet soon!

Hace mucho tiempo / que no nos vemos.
Ago long time / that (we) don't meet.

Te echo mucho de menos.
You (I) miss a lot.

Y : 사랑하는 친구에게,
: 요즘 어때? 잘 지내고 있기를 바라.
  전에 답장 못 해서 미안해. 바빴어.
: 나 다음 달에 마드리드로 너 보러 갈 거야.
  너 시간 됐으면 좋겠다!
: 정확히 며칠에 갈 건지 알면, 알려줄게.
  빨리 봤으면 좋겠다!
: 우리 안 본 지 너무 오래됐다.
  너무 보고 싶어.

TIP

¿Adivina adónde estoy yendo?
Guess where I'm going?
저는 어디로 가고 있을까요?

~한 지 얼마나 되었다

여기서 Hace는 Hacer 동사가 아니라 어떤 일을 시작한 후 얼마 간의 시간이 흘렀다는 말을 할 때 사용하는 부사입니다. 영어의 Ago와 같은 친구죠. 이처럼 시간의 경과를 나타내는 방법에는 세 가지가 있습니다.

1) Hace 기간 que 문장
2) 문장 Desde hace 기간
3) Llevar 기간 현재분사

위 구문들을 적용하면 '나는 스페인어를 공부한 지 10년이 되었다.'는 다음과 같이 표현할 수 있습니다.

1) Hace 10 años que estudio español.
2) He estudiado español desde
   hace 10 años.
3) Llevo 10 años estudiando español.

Yamili

Es posible que / me quede / en Madrid /
(It) is possible that / (I) stay / in Madrid /

por unos tres días. / ¡Ojalá que / puedas pasar /
for about three days. / (I) Hope that / (you) can spend /

tiempo conmigo! / ¿Podrás?
time with me. / Will (You) can?

Bueno, / la clase / está por empezar.
Well, / the class / is about to start.

Espero / tu respuesta.
(I) wait / your answer.

> Y : 마드리드에 3일 정도 있을 수 있어,
>   너랑 시간 보낼 수 있기를 바라! 가능할까?
>   : 음, 곧 수업 시작한다.
>   : 답장 기다릴게.

2 진료 예약 있으신가요?

Lidia

¿Tiene cita / con el médico?
(You) have appointment / with the doctor?

Ruben

Buenos días, / La verdad es que no.
Good morning. / The truth is no.

Vengo porque / llevo días / con un /
(I) come because / (I) have been days / with a /

dolor de cabeza / insoportable.
headache / unbearable.

Lidia

De acuerdo. / Le pido que / escriba / sus datos aquí.
Okay. / to you (I) ask that / (you) write / your information here.

> L : 의사 선생님과 진료 예약 있으신가요?
> R : 안녕하세요, 사실 없습니다.
>   며칠 동안 머리가 너무 심하게 아파서 왔습니다.
> L : 알겠습니다. 여기에 정보 좀 써주세요.

¿Cómo se encuentra?
How are you doing?
몸 상태는 어떠신가요?

병원에 가면

병원 Hospital
앰뷸런스 Ambulancia
의사 Doctor, Médico
환자 Paciente
간호사 Enfermero
마스크 Mascarilla
의료기록 Historial médico
붕대 Escayola
목발 Muletas
약 Pastilla
대기실 Sala de espera
휠체어 Silla de ruedas

Ruben

Sí, claro. / ¿Cuánto tiempo / debo esperar?
Yes, of course. / How long / (I) must wait?

Lidia

Cuando termine la consulta de ahora, /
When (he) finishes the consultation of now, /

le atenderá.
to you (he) will attend.

Ruben

Se lo agradezco mucho.
To you that (I) thank a lot.

Lidia

No hay de qué.
There is not about what.

R : 네, 그럼요. 얼마나 기다려야 할까요?
L : 지금 진료 끝나시면, 바로 봐드릴 거예요.
R : 정말 감사합니다.
L : 별말씀을요.

3 가족이랑 여행 갈 수도 있어.

Federico

Oye, solo queda una semana /
Hey, just left one week /

para que / terminen las clases, /
until that / finish the classes, /

¿qué vas a hacer / en la vacaciones?
what (you) going to do / in the vacations?

Miguel

Es cierto, / una semana más / y ¡no clases más!
Is true, / one week more / and no more classes!

Pero no creo que haga / algo especial. ¿Y tú?
but, (I) don't think that (I) will do / something special. And you?

F : 야, 수업 끝나려면 우리 일주일밖에 안 남았네,
   방학 때 뭐 할 거야?
M : 맞아, 일주일만 더 있으면, 수업 더 없어!
   근데 나는 뭐 특별한 거 안 할 것 같아. 너는?

Solo의 여러 가지 쓰임

스페인어에서는 형용사인지 부사인지가 문법적으로 굉장히 중요합니다. 형태변화를 하는지 여부가 달려 있기 때문입니다. 어떤 단어들은 해석을 해보면 품사를 쉽게 알 수 있지만, 어떤 단어들은 또 한국어랑 딱 맞지 않아서 헷갈릴 수 있습니다. 그럼 Solo의 용법을 살펴보겠습니다.

① **Lonely** 외로운 (형용사)
Ella se siente solo.
그녀는 외롭다고 느낀다.

② **Alone** 혼자 (형용사)
Mi abuela vive sola.
우리 할머니는 혼자 사신다.

③ **Only** 오직, 단 (부사)
Solo ella puede hacerlo.
오직 그녀만이 그것을 할 수 있다.

 Federico
En mi caso, / es posible que /
In my case, / is possible that /

viaje con mi familia / por unos días.
(I) travel with my family / for few days.

 Miguel
¿Adónde / vais a ir?
To where / (you guys) are going to go?

 Federico
No sé muy bien, / pero espero que /
(I) don't know very well, / but (I) hope that /

vayamos a un lugar / donde pueda disfrutar /
(we) go to a place / where (I) can enjoy /

de la playa y el sol.
of the beach and the sun.

 Miguel
¡Espero que / lo pases genial / con tu familia!
(I) hope that / (you) spend time great / with your family!

 Federico
Gracias.
Thanks.

Te sugiero que / también / vayas de vacaciones /
To you I suggest that / as well / (you) go on vacations /

a algún lado / con tu familia.
to some place / with your family.

 Miguel
Sí, / cuando regrese a casa / les voy a preguntar.
Yes, / when (I) come back to home / to them (I) am going to ask.

F : 나 같은 경우에는, 며칠 가족이랑 여행 갈 수도 있어.
M : 어디로 가는데?
F : 잘 모르겠어, 근데 태양과 바다를 즐길 수 있는 곳으로 갔으면 좋겠다.
M : 가족이랑 좋은 시간 보내기를 바라!
F : 고마워. 너도 가족이랑 어딘가로 휴가 보내러 가는 걸 추천해.
M : 응, 집에 돌아가면 물어볼게.

143

Vamos a pasarlo genial.
Let's have a great time.
가서 즐거운 시간 보내자.

4 급한 일이야?

Javier

Necesito / que / me llames / lo más pronto posible.
(I) need / that / to me (you) call / as soon as possible.

Yoomin

¿Es algo / urgente?
Is (it) something / urgent?

Estoy en reunión / en este momento.
(I) am in meeting / in this moment.

Javier

Te espero. / ¿Cuánto / piensas / que tardará?
You (I) wait. / How long / (you) think / that (it) will take?

Yoomin

No lo sé, / pero apenas termine / te llamo.
That (I) don't know, / but just when (I) finish / to you (I) call.

Javier

¡Perfecto!
Perfect!

J : 최대한 빨리 나한테 전화 줘.
Y : 급한 거야?
　　나 지금 미팅 중이야.
J : 기다릴게. 얼마 정도 걸릴 것 같아?
Y : 모르겠어, 근데 끝나자마자 전화할게.
J : 좋아!

¿Está Marta en casa?
Is Marta at home?
마르타 집에 있어요?

5 짧은 표현들

Lidia

Espero que / te vaya bien.
(I) hope that / (to you) go well.

Carolina

¡Ojalá que / no llueva!
(I) hope that / (it) doesn't rain!

L : 잘 되기를 바라.
C : 비가 안 오기를!

José

¡Espero que / tengas un buen día!
(I) hope that / (you) have a good day!

TIP

Sofía

¡Espero que / puedas venir!
(I) hope that / (you) can come!

Teresa

¡Espero que / nos veamos pronto!
(I) hope that / (we) meet soon!

Yamili

¡Quiero que / vengas / a mi fiesta de cumpleaños!
(I) hope that / (you) come / to my party of birthday!

Montes

¡No quiero que / te lastimes!
(I) don't want that / (you) hurt!

Karen

Espero que / podamos viajar / juntos / este verano.
(I) hope that / (we) can travel / together / this summer.

Federico

No quiero que / malentiendas.
(I) don't want that / (you) misunderstand.

Pablo

Espero que / me comprendas.
(I) hope that / to me (you) understand.

Natalia

Espero que / no te moleste.
(I) hope that / (I) don't you bother.

Raquel

¡Espero que / te guste el regalo!
(I) hope that / (you) like the gift!

J : 좋은 하루 보내!
S : 네가 올 수 있었으면 좋겠다!
T : 우리가 빨리 봤으면 좋겠다!
Y : 내 생일 파티에 왔으면 좋겠어!
M : 네가 안 다쳤으면 좋겠어!
K : 이번 여름에 우리가 함께 여행 갈 수 있었으면 좋겠다.
F : 오해하지 않기를 바라.
P : 나를 이해해주길 바라.
N : 내가 널 방해하는 게 아니면 좋겠어.
R : 선물 마음에 들었으면 좋겠어!

¡Buena suerte!
Good luck!
행운을 빌어!

OUTRO

스페인어
필수 표현 516

| 001 | 다시 만나서 기뻐요. | **Un placer** A pleasure | **verte** see you | **de** of | **nuevo.** new. |

| 002 | 먼저 하세요. | **Después** After | **de** of | **ti.** you. |

| 003 | 그것참 안됐네. | **Es** (It) Is | **una lástima.** a pity. |

| 004 | 도와 드릴까요? | **¿Puedo ayudarte?** Can (I) help you? |

| 005 | 말도 안 돼! | **No puede** No (it) can | **ser.** be. |

| 006 | 나는 그것을 원하지 않아요. | **No** (I) No | **lo** that | **quiero.** want. |

| 007 | 난 싫어. | **No** No | **me** myself | **gusta.** like. |

| 008 | 그건 필요 없어요. | **No** (I) No | **lo** that | **necesito.** need. |

| 009 | 그거 하지 마. | **No** No | **lo** it | **hagas.** do (you). |

| 010 | 이거 왜 이래! | **Venga** Come on | **ya.** now. |

| 011 | 바로 그거예요. | **¡Eso** That | **es!** is! |

| 012 | 세상에! | **¡Ay** Oh | **Dios** God | **mío!** mine! |

013 젠장!

¡Maldita sea!
Cursed | would be!

014 이런?

¿Qué diablos?
What | devils?

015 잘된 일이네.

Bien por ti.
Good | for | you.

016 마음에 들었어요?

¿Te gustó?
Yourself | liked?

017 그러고 나서는요?

¿Y entonces?
And | then?

018 어느 쪽이야?

¿Por dónde?
By | where?

019 어땠어?

¿Cómo estuvo?
How | was?

020 얼마나 자주?

¿Con qué frecuencia?
With | what | frequency?

021 얼마나 빨리?

¿En cuánto tiempo?
In | how much | time?

022 여기에 얼마나 머무르실 건가요?

¿Cuánto tiempo estarás aquí?
How much | time | will (you) be | here?

023 얼마나 멀리?

¿A qué distancia?
To | what | distance?

024 몇 시입니까?

¿Qué hora es?
What | time | is?

025 나이가 어떻게 되시죠?

¿Cuántos	años	tienes?
How many	years	have (you)?

026 내가 뭘 해야 해요?

¿Qué	debería	hacer?
What	should	do (I)?

027 대단해요.

Es	genial.
(It) Is	great.

028 좋지 않아.

No está	bien.
No is	good.

029 너무 안 좋아.

Muy	mal.
Very	bad.

030 저걸로 주세요.

Ese,	por favor.
That,	please.

031 저런 비슷한 거요.

Algo	así.
Something	like that.

032 아마도요.

Tal vez.
Maybe.

033 아닐걸요.

Tal vez	no.
Maybe	not.

034 그럴 수도 있고 아닐 수도 있지.

Tal vez,	tal vez	no.
Maybe,	maybe	no.

035 다음에 하든지 하자.

Quizás	más	tarde.
Maybe	more	late.

036 약간.

Solo	un poco.
Only	a little.

037 한 시간마다.

Cada | hora.
Each | hour.

038 두 시간마다.

Cada | dos horas.
Each | two hours.

039 매시 정각.

Cada | hora | en punto.
Each | hour | o'clock.

040 이미.

Ya.
Already.

041 그 전에.

Antes | de | eso.
Before | of | that.

042 그 후에.

Después | de | eso.
After | of | that.

043 3일 전에.

Hace | 3 días.
Ago | three days.

044 2일 전에.

Anteayer.
Day before yesterday.

045 3일 후에.

3 días después.
Three days after.

046 매일.

Todos | los días.
All | the days.

047 그렇다면야 뭐.

Si | es | así.
If | is | like that.

048 그래도
그렇지.

Aun | así.
Even | like that.

049 원한다면.

Si quieres.
If (you) want.

050 내가 그런 거 아니에요.

No hice eso.
(I) No did that.

051 몰랐어요.

No lo sabía.
(I) No it knew.

052 아무것도 아니에요.

No es nada.
No (it) is nothing.

053 이건 내 거예요.

Es mío.
(It) Is mine.

054 이거 당신 거예요?

¿Es tuyo?
(This) Is yours?

055 나 돈이 없어요.

No tengo dinero.
(I) No have money.

056 저 바로 여기 있을게요.

Estaré justo aquí.
(I) Will be exactly here.

057 그것들은 서로 달라요.

Son diferentes.
(Those) Are different.

058 그것들은 서로 같아요.

Son iguales.
(Those) Are same.

059 혼자예요?

¿Estás solo?
(You) Are alone?

060 일행이 계신가요?
¿Vienes acompañado?
(You) Come accompanied?

061 영어 할 줄
알아요?

¿Hablas | **inglés?**
(You) Speak | English?

062 천천히 말해
주실 수
있나요?

¿Puedes hablar | **más** | **despacio?**
Can (you) speak | more | slowly?

063 나 감기
걸렸어.

Estoy | **resfriado.**
(I) Am | cold.

064 다쳤어요.

Estoy | **herido.**
(I) Am | hurt.

065 휴대폰이
고장 났어요.

Mi móvil | **no funciona.**
My cellphone | doesn't work.

066 통역이
필요해요.

Necesito | **un traductor.**
(I) Need | a translator.

067 이쪽이에요.

Por | **aquí.**
By | here.

068 이 근처예요.

Es | **cerca** | **de aquí.**
(It) Is | near | from here.

069 두 시간은
걸릴걸요.

Se | **tarda** | **dos horas.**
Itself | take | two hours.

070 마음에
드세요?

¿Te | **gusta?**
To you | like?

071 이걸 원해요?

¿Lo | **quieres?**
It | (you) want?

072 더 필요한 것
있어요?

¿Alguna | **otra** | **cosa?**
Some | other | thing?

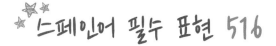

073 제 자리가 어디인가요?

¿Dónde | **está** | **mi asiento?**
Where | is | my seat?

---

074 자리를 바꿀 수 있을까요?

¿Puedo cambiar | **mi asiento?**
Can (I) change | my seat?

---

075 (그것이) 얼마나 멀리 있나요?

¿A | **qué** | **distancia** | **está?**
At | what | distance | is?

---

076 여기서 세워주세요.

Pare aquí, | **por favor.**
Stop (you) here, | please.

---

077 여기서 내려줄 수 있어?

¿Puedes dejarme | **aquí?**
Can (you) leave me | here?

---

078 여기가 어디예요?

¿Dónde | **estoy?**
Where | (I) am?

---

079 저는 길을 잃었어요.

Estoy | **perdido.**
(I) Am | lost.

---

080 거기에 어떻게 갈 수 있죠?

¿Cómo | **puedo llegar** | **allí?**
How | can (I) arrive | there?

---

081 거기까지 걸어서 갈 수 있나요?

¿Puedo ir | **a** | **pie?**
Can (I) go | by | feet?

---

082 직선으로 쭉 가세요!

¡Siga | **recto!**
(You) Follow | straight!

---

083 인터넷을 사용할 수 있나요?

¿Puedo utilizar | **el internet?**
Can (I) use | the internet?

---

084 침대를 추가로 이용할 수 있어요?

¿Puedo tener | **una cama** | **supletoria?**
Can (I) have | one bed | supplementary?

085 예약하셨나요?

¿Has | hecho | una reserva?
(You) have | done | a reservation?

086 체크아웃은 언제인가요?

¿A | qué | hora | es | el check-out?
At | what | time | is | the check out?

087 아침 식사는 언제인가요?

¿A | qué | hora | es | el desayuno?
At | what | time | is | the breakfast?

088 이거 공짜인가요?

¿Es | gratuito?
(It) Is | free?

089 나는 처음이에요.

Es | mi | primera | vez.
(It) Is | my | first | time.

090 예약해뒀어요.

Tengo | una reservación.
(I) Have | a reservation.

091 기다려야 하나요?

¿Tengo que | esperar?
Have (I) to | wait?

092 이건 어떤 음식인가요?

¿Qué | tipo | de | comida | es?
What | type | of | food | is?

093 신선한가요?

¿Fresco?
Fresh?

094 음식이 덜 익었어요.

No está | suficientemente | cocido.
No (it) is | enough | cooked.

095 리필이 되나요?

¿Puedes servirme | más?
Can (you) serve me | more?

096 원 샷!

¡Para | adentro!
For | inside!

097 이거
얼마예요?

¿Cuánto | cuesta?
How much | (this) costs?

---

098 영수증 좀
주세요.

¿Puedo tener | el recibo?
Can (I) have | the receipt?

---

099 포장하지
않아도 됩니다.

No hace | falta | envolverlo.
No does | need | wrap it.

---

100 그냥 구경하고
있어요.

Solo | estoy | mirando.
(I) Only | am | looking.

---

101 더 큰 치수
있나요?

¿Tienes una talla | más grande?
Have (you) one size | more big?

---

102 다른 색도
있나요?

¿Hay | algún | otro | color?
There is | some | other | color?

---

103 이건
지나쳐요.

Es | demasiado.
(It) Is | too much.

---

104 너무 커요.

Es | demasiado | grande.
(It) Is | too | big.

---

105 이것 좀 볼 수
있을까요?

¿Puedo ver | este?
Can (I) see | this?

---

106 입어봐도
되나요?

¿Puedo probarme | esto?
Can (I) try on me | this?

---

107 이걸로
고를게요.

Elegiré | este.
(I) Will choose | this.

---

108 틀림없어요.

Estoy | seguro.
(I) Am | sure.

따라 말하기

---

109 저
돌아왔어요.

Estoy | **de vuelta.**
(I) Am | back.

---

110 나 긴장하고
있어요.

Estoy | **nervioso.**
(I) Am | nervous.

---

111 쉬는
날이에요.

Es | **mi día** | **libre.**
(It) Is | my day | free.

---

112 나는
그렇게 해도
상관 없어요.

Estoy | **bien** | **con** | **eso.**
(I) Am | good | with | that.

---

113 나는 네가
자랑스러워.

Estoy | **orgulloso** | **de** | **ti.**
(I) Am | proud | of | you.

---

114 가는 중이에요.

Estoy | **en** | **camino.**
(I) Am | on | way.

---

115 저는 당신
편이에요.

Estoy | **de** | **tu lado.**
(I) Am | of | your side.

---

116 나 급해요.

Estoy | **en** | **un apuro.**
(I) Am | in | a hurry.

---

117 만나게 되어
기뻐요.

Estoy | **contento** | **de verte.**
(I) Am | happy | to see you.

---

118 번거롭게
해드려서
죄송합니다.

Siento | **molestarte.**
(I) Feel | bother you.

---

119 당신은
아름다워요.

Eres | **tan** | **bella.**
(You) Are | so | beautiful.

---

120 당신은 정말
운이 좋네요.

Tienes | **tanta** | **suerte.**
(You) Have | so much | luck.

121 제시간에 왔어요.

Estás	a	tiempo.
(You) Are	on	time.

122 당신은 거짓말쟁이예요.

Eres	un mentiroso.
(You) Are	a liar.

123 그는 정말 잘생겼어요.

Es	muy	guapo.
(He) Is	very	handsome.

124 그녀는 정말 아름다워요.

Es	muy	guapa.
(She) Is	very	beautiful.

125 그녀는 내 취향이에요.

Es	mi tipo.
(She) Is	my type.

126 쟤 정말 짜증 난다.

Me	molesta	demasiado.
Myself	annoy	too much.

127 그는 너무 권위적이에요.

Es	demasiado	mandón.
(He) Is	too	bossy.

128 헛소리!

¡Es	un disparate!
(It) Is	a nonsense!

129 좋은 지적이에요.

Es	una buena observación.
(It) Is	a good observation.

130 그게 당신 문제예요.

Es	tu problema.
(It) Is	your problem.

131 그건 별개의 이야기예요.

Es	otra historia.
(It) Is	another story.

132 사람들이 아주 많이 있어요.

Hay	tantas	personas.
There are	so many	people.

133	아주 많은 것들이 있어요.	**Hay** There are	**tantas** so many	**cosas.** things.
134	뭔가 잘못됐어요.	**Algo** Something	**está** is	**mal.** wrong.
135	뭔가 빠졌어요.	**Algo** Something	**falta.** lacks.	
136	진실인 것이 없어요.	**Nada** Nothing	**es** is	**cierto.** true.
137	불가능한 것은 없어요.	**Nada** Nothing	**es** is	**imposible.** impossible.
138	뭐든지 가능해요.	**Todo** All	**es** is	**posible.** possible.
139	언제든지 좋아요.	**Cuando** When	**sea.** ever.	
140	그건 쉽지요.	**Es** (It) Is	**fácil.** easy.	
141	그건 무료입니다.	**Es** (It) Is	**gratis.** free.	
142	그건 간단해요.	**Es** (It) Is	**simple.** simple.	
143	위험해요.	**Es** (It) Is	**peligroso.** dangerous.	
144	그건 불가능해요.	**Es** (It) Is	**imposible.** impossible.	

#	한국어	Español	English
145	이건 불공평해요.	Es injusto.	(It) Is unfair.
146	좀 이상하네요.	Es raro.	(It) Is weird.
147	그건 불법이에요.	Es ilegal.	(It) Is illegal.
148	말은 쉽지요.	Es fácil de decir.	(It) Is easy to say.
149	뭐라 말하면 좋을지 모르겠네요.	Es difícil de decir.	(It) Is difficult to say.
150	내 차례입니다.	Es mi turno.	(It) Is my turn.
151	당신 차례입니다.	Es tu turno.	(It) Is your turn.
152	화창한 날씨네요.	Hace sol.	Does sun.
153	구름이 많아요.	Está nublado.	(It) Is cloudy.
154	이것은 당신 거예요.	Es tuyo.	(It) Is yours.
155	아무것도 아니에요.	No es nada.	(That) No is nothing.
156	엉망진창이군요.	Es un desastre.	(It) Is a disaster.

157	내 잘못이에요.		**Es** (It) Is	**mi culpa.** my fault.		
158	모 아니면 도야.		**Es** (It) Is	**todo** all	**o** or	**nada.** nothing.
159	이제 가야겠어.		**Es** (It) Is	**hora** time	**de irse.** to go.	
160	점심 시간 입니다.		**Es** (It) Is	**hora** hour	**de almorzar.** to eat lunch.	
161	흥미롭네요.		**Es** (It) Is	**emocionante.** exciting.		
162	지루해요.		**Es** (It) Is	**aburrido.** boring.		
163	역겨워.		**Es** (It) Is	**asqueroso.** disgusting.		
164	실망스러워요.		**Es** (It) Is	**decepcionante.** disappointing.		
165	그건 창피해. (쪽팔려)		**Es** (It) Is	**embarazoso.** embarrassing.		
166	확실하진 않아요.		**No estoy** (I) No am	**seguro.** sure.		
167	나는 졸리지 않아.		**No tengo** (I) No have	**sueño.** sleep.		
168	나는 바보가 아니에요.		**No soy** (I) No am	**estúpido.** stupid.		

169 | 저는
나쁜 사람이
아니에요. | | **No soy** | **una mala persona.**
| | | (I) No am | a bad person.

170 | 그는
내 남자친구가
아니에요. | | **No es** | **mi novio.**
| | | No (he) is | my boyfriend.

171 | 그녀는
여기에 없어요. | | **No está** | **aquí.**
| | | No (she) is | here.

172 | 그건
좋지 않아요. | | **No está** | **bien.**
| | | No (it) is | good.

173 | 그건
나쁘지 않아요. | | **No está** | **mal.**
| | | No (it) is | bad.

174 | 그건
좋은 생각이
아니에요. | | **No es** | **una buena idea.**
| | | (That) No is | a good idea.

175 | 그게 중요한 게
아니에요. | | **No es** | **el problema.**
| | | (That) No is | the problem.

176 | 너답지
않은걸. | | **Eso** | **no eres** | **tú.**
| | | That | not are | you.

177 | 그만큼
가치 있는 건
아녜요. | | **No** | **vale** | **la pena.**
| | | No | worth | the struggle.

178 | 그런 거
아니야. | | **No es** | **eso.**
| | | No (it) is | that.

179 | 별 거 아니야. | | **No es** | **nada** | **grave.**
| | | No (it) is | nothing | serious.

180 | 이걸로는
부족해. | | **No es** | **suficientemente** | **bueno.**
| | | No (it) is | enoughly | good.

181	해가 될 건 없어요.		**No** No	**hay** there is	**ningún** no	**daño.** damage.		

182	다른 방법이 없어요.		**No** No	**hay** there is	**otra manera.** other way.			

183	의심의 여지가 없어요.		**No** No	**hay** there is	**ninguna** no	**duda** doubt	**sobre** about	**ello.** it.

184	밑져야 본전이지.		**No** No	**hay** there is	**nada** nothing	**que** to	**perder.** lose.	

185	이건 내 잘못이 아니에요.		**No es** (That) No is	**mi culpa.** my fault.				

186	맞나요?		**¿Tengo** (I) Have	**razón?** reason?

187	틀렸나요?		**¿Me** (I) Myself	**equivoco?** wrong?

188	확실하니?		**¿Estás** (You) Are	**seguro?** sure?

189	계세요? (여보세요?)		**¿Estás** (You) Are	**allí?** there?

190	너 미쳤어?		**¿Estás** (You) Are	**loco?** crazy?

191	아파요?		**¿Estás** (You) Are	**enfermo?** sick?

192	진심이야?		**¿Hablas** (You) Talk	**en serio?** seriously?

193	만족해?		**¿Estás** (You) Are	**satisfecho?** satisfied?		

194	당신도 할래요?		**¿Contamos** (We) Count	**contigo?** with you?		

195	오늘 밤에 시간 있어요?		**¿Estás** (You) Are	**libre** free	**esta** this	**noche?** night?

196	그래?		**¿En serio?** Seriously?			

197	이거 괜찮니?		**¿Está** (This) Is	**bien?** good?		

198	어려워?		**¿Es** (It) Is	**difícil?** difficult?		

199	지금 좋지 않은 시간이니?		**¿Es** (It) Is	**un mal momento?** a bad moment?		

200	이게 나야?		**¿Soy** Am	**yo?** I?		

201	이게 내 탓이에요?		**¿Es** (This) Is	**mi culpa?** my fault?		

202	너무했나요?		**¿Es** (It) Is	**demasiado?** too much?		

203	이게 제대로 된 표현인가요?		**¿Es** Is	**esta** this	**la forma** the form	**correcta** correct	**de decirlo?** to say it?

204	저는 운이 좋았어요.		**Tuve** (I) Had	**suerte.** luck.		

205 내가
바보였어요.

Fui | **un estúpido.**
(I) Was | a stupid.

206 내가
잘못했어.

Estaba | **equivocado.**
(I) Was | wrong.

207 무서웠어.

Estaba | **asustado.**
(I) Was | scared.

208 당신이
옳았어요.

Tenías | **razón.**
(You) Had | reason.

209 그녀가
문제였어요.

Ella | **era** | **el problema.**
She | was | the problem.

210 괜찮았어요.

Estaba | **bien.**
(It) Was | good.

211 그건 아무것도
아니었어요.

No fue | **nada.**
No (it) was | nothing.

212 하마터면
큰일 날
뻔했어요.

Estaba | **cerrado.**
(It) Was | closed.

213 그건 충격적이
었어요.

Fue | **impactante.**
(It) Was | shocking.

214 힘든
하루였어요.

Fue | **un día** | **largo.**
(It) Was | one day | long.

215 저도
즐거웠어요.

Fue | **un placer.**
(It) Was | a pleasure.

216 만나서
반가웠어요.

Fue | **bueno** | **verte.**
(It) Was | good | see you.

217	그것은 당신의 실수가 아니에요.		**Eso** That	**no es** no is	**tu culpa.** your fault.

218	바빴어요?		**¿Estabas** Were (you)	**ocupado?** busy?

219	내가 약속할게요.		**Lo** That	**prometo.** (I) promise.

220	내가 보증할게요.		**Lo** That	**aseguro.** (I) assure.

221	나는 널 믿어.		**Confío** (I) Trust	**en** in	**ti.** you.

222	부럽다.		**Te** To you	**envidio.** (I) envy.

223	정말 기분 좋아.		**Me** Myself	**siento** (I) feel	**genial.** great.

224	고마워요.		**Lo** That	**aprecio.** (I) appreciate.

225	과연 그럴까.		**Lo** That	**dudo.** (I) doubt.

226	내가 신세 한 번 졌어.		**Te** To you	**debo** (I) owe	**uno.** one.

227	당신에게 할 말이 있어요.		**Tengo** (I) Have	**algo** something	**que** to	**decirte.** tell you.

228	수영 하고 싶어요.		**Quiero** (I) Want	**nadar.** to swim.

229 시도해보고 싶어요.

Quiero **intentar.**
(I) Want | to try.

---

230 나는 좀 쉬고 싶어요.

Quiero **descansar** **un poco.**
(I) Want | rest | a little.

---

231 바람 좀 쐬고 싶어.

Quiero **coger** **un poco** **de** **aire.**
(I) Want | to get | a little | of | air.

---

232 당신이 고르세요.

Tú **eliges.**
You | choose.

---

233 네가 이겼어.

Tú **ganas.**
You | win.

---

234 너는 아무것도 몰라.

No **sabes** **nada.**
No | (you) know | nothing.

---

235 너는 항상 네 마음대로 해.

Siempre **haces** **lo** **que** **te da la gana.**
Always | (you) do | the thing | that | you want.

---

236 좋아 보여요.

Te **ves** **bien.**
Yourself | (you) look | good.

---

237 스무 살처럼 보여요.

Aparentas **veinte** **años.**
(You) Seem | twenty | years.

---

238 그는 그리될 만해요.

Se **lo** **merece.**
Himself | it | (he) deserves.

---

239 그는 말이 너무 많아요.

Habla **demasiado.**
(He) Talk | too much.

---

240 우리는 갈 길이 멀어요.

Tenemos **un largo** **camino** **por** **recorrer.**
(We) Have | a long | way | to | go.

241	차선책이 있어요.		**Tenemos** (We) Have	**un plan B.** a plan B.		
242	효과가 있어요.		**Funciona.** (It) Works.			
243	그럴 때가 있지.		**Pasa** (It) Happens	**a veces.** at times.		
244	시간이 걸립니다.		**Toma** (It) takes	**tiempo.** time.		
245	좋은 생각이에요.		**Suena** Sounds	**bien.** good.		
246	그건 말이 되네.		**Tiene** Has	**sentido.** sense.		
247	때에 따라 달라요.		**Depende.** Depends.			
248	당신에게 잘 어울려요.		**Te** To you	**queda** (it) suits	**bien.** well.	
249	누구나 거짓말을 하지.		**Todo** All	**el mundo** the world	**miente.** lies.	
250	다들 그를 싫어해요.		**Todo** All	**el mundo** the world	**le** him	**odia.** hates.
251	아무도 몰라요.		**Nadie** Nobody	**lo** it	**sabe.** knows.	
252	다시 해보세요.		**Inténtalo** (You) Try it	**de nuevo.** again.		

168

253 즐겁게 지내길!
(재미있게 즐겨 봐!)

¡Diviértete!
(You) Have fun yourself!

254 일어나,
정신 차려!

¡Despiértate!
Wake up yourself!

255 조심해!
(위험해!)

¡Cuidado!
Careful!

256 최선을
다하세요.

Haz	**lo**	**que**	**puedas.**
(You) Do	it	that	can.

257 자, 빨리빨리!

¡Venga!	**¡Venga!**
Come on!	Come on!

258 나랑 같이
가요!

¡Ven	**conmigo!**
(You) Come	with me!

259 누군가를
불러주세요.

Llama	**a**	**alguien.**
Call	to	someone.

260 나중에
전화해주세요.

Llámame	**después.**
(You) Call me	after.

261 어쩔래.

Vete	**al**	**diablo.**
(You) Go you	to the	devil.

262 날 믿어.

Créeme.
Believe me.

263 몸만 오세요.

No traigas	**nada.**
(You) No bring	nothing.

264 자, 해 봐!

Ve	**a**	**por**	**ello.**
(You) Go	to	for	it.

265 꺼져버려!

¡Vete!
(You) Go you!

---

266 꽉 잡아.

Agárrate | **bien.**
(You) Grab you | good.

---

267 있잖아.

Adivina | **qué.**
Guess | what.

---

268 좀 쉬세요.

Descansa.
(You) Rest.

---

269 봐봐.

Echa | **un vistazo.**
(You) Throw | a glance.

---

270 자세히 보세요.

Echa | **un vistazo** | **de** | **cerca.**
(You) Throw | a glance | from | close.

---

271 두 알씩 드세요.

Tómate | **dos.**
Take you | two.

---

272 천천히 해.

Tómate | **tu tiempo.**
Take you | your time.

---

273 당신 방식대로 하세요.

Hazlo | **a** | **tu manera.**
(You) Do it | to | your way.

---

274 얼마든지 물어 보세요.

Siéntete | **libre** | **de** | **preguntar.**
Feel you | free | of | ask.

---

275 맛있게 드세요!

¡Que aproveche!
Enjoy your meal!

---

276 그냥 거절해.

Recházalo.
(You) Reject it.

277 나 대신 좀 부탁해도 될까요?

¿Puedes cubrirme?
Can (you) cover me?

278 편히 계셔도 좋아요.

Siéntete	**como**	**en**	**casa.**
Feel you	like	in	house.

279 언제 한 번 저에게 들러 주세요.

Ven	**a**	**verme**	**alguna**	**vez.**
(You) Come	to	see me	some	time.

280 사돈 남 말 하시네.

Mira	**quién**	**habla.**
Look	who	talks.

281 잠시 주목 부탁합니다!

¡Atención,	**por favor!**
Attention,	please!

282 (전화) 끊지 말고 잠시만 기다려 주세요.

Un momento,	**por favor.**
A moment,	please.

283 받아적어 주세요.

Anote,	**por favor.**
Note down,	please.

284 이거 주세요!

¡Dame	**esto!**
Give me	this!

285 제게 전화 주세요.

Llámame.
(You) Call me.

286 행운을 빌어주세요.

Deséame	**suerte.**
(You) Wish me	luck.

287 나도 끼워줘.

Cuenta	**conmigo.**
(You) Count	with me.

288 내버려 둬.

Déjame	**solo.**
(You) Leave me	alone.

289 나한테 맡겨.

Déjamelo | **a** | **mí.**
(You) Leave me it | to | me.

---

290 비밀 지켜.

Mantenlo | **en** | **secreto.**
(You) Maintain it | in | secret.

---

291 안부 전해 주세요.

Mándale | **saludos** | **a** | **ella.**
(You) Send her | greetings | to | her.

---

292 살살 다뤄.

Sé | **bueno.**
(You) Be | good.

---

293 좀 참아봐요.

Sé | **paciente.**
(You) Be | patient.

---

294 시간을 지켜.

Sé | **puntual.**
(You) Be | punctual.

---

295 나는 신경 안 써.

No | **me** | **importa.**
No | myself | matter.

---

296 기억이 안 나요.

No | **me** | **acuerdo.**
(I) No | myself | remember.

---

297 난 안 믿어.

No | **lo** | **creo.**
(I) No | that | believe.

---

298 모르겠어요.

No tengo | **ni** | **idea.**
(I) No have | neither | idea.

---

299 변명의 여지가 없어요.

No tengo | **ninguna** | **excusa.**
(I) No have | none | excuse.

---

300 나는 할 말이 없어.

No tengo | **nada** | **que** | **decir.**
(I) No have | nothing | to | say.

301	나는 그를 만나고 싶지 않아.		**No** No	**quiero** (I) want	**verlo.** see him.
302	방해하고 싶지 않아요.		**No** No	**quiero** (I) want	**molestarte.** bother you.
303	저는 아무것도 몰라요.		**No** No	**sé** (I) know	**nada.** nothing.

304 그녀는 너를 좋아하지 않아.   **A** To **ella** her **no** no **le** her **gustas.** likes.

305 효과가 없어요. **No** No **funciona.** work.

306 가지 마. **No** No **vayas.** (you) go.

307 잊지 마. **No** No **olvides.** (you) forget.

308 울지 마세요. **No** No **llores.** (you) cry.

309 말도 마. **No** No **preguntes.** (you) ask.

310 멈추지 마. **No** No **pares.** (you) stop.

311 아무것도 말하지 마. **No** No **digas** (you) say **nada.** nothing.

312 그거 갖고 불평하지 마. **No** No **te** yourself **quejes.** (you) complain.

313 강요하지 마.

No	me	empujes.
No	me	(you) push.

314 내 탓하지 마.

No	me	culpes.
No	me	(you) blame.

315 귀찮게 하지 마.

No	me	molestes.
No	me	(you) bother.

316 내게 거짓말하지 마.

No	me	mientas.
No	me	(you) lie.

317 시간 낭비하지 마.

No	malgastes	tu tiempo.
No	(you) waste	your time.

318 포기하지 마.

No	te	rindas.
No	yourself	(you) give up.

319 나를 실망하게 하지 마요.

No	me	defraudes.
No	me	(you) disappoint.

320 늦지 마.

No	llegues	tarde.
No	(you) arrive	late.

321 부끄러워하지 마세요.

No	seas	tímido.
No	(you) be	shy.

322 두려워하지 마세요.

No	tengas	miedo.
No	(you) have	fear.

323 무례하게 굴지 마.

No	seas	grosero.
No	(you) be	rude.

324 긴장하지 마세요.

No	estés	nervioso.
No	(you) be	nervous.

따라 말하기

325 바보같이
굴지 마.

No **seas** **tonto.**
No (you) be stupid.

326 그러지 마.

No **seas** **así.**
No (you) be like that.

327 솔직해지자.

Seamos **sinceros.**
Let's be honest.

328 같이
쓰자(먹자).

Compartamos.
Let's share.

329 잠깐 쉬자.

Tomemos **un descanso.**
Let's take a rest.

330 외식합시다.

Cenemos **fuera.**
Let's eat dinner outside.

331 그건 그냥
지나가자.

Dejémoslo.
Let's leave it.

332 우리 그것에
관해 이야기해
봅시다.

Hablemos **sobre** **eso.**
Let's talk about that.

333 가게 해주세요.

Déjame **ir.**
(You) Let me go.

334 내가 해볼게.

Déjame **intentarlo.**
(You) Let me try it.

335 우리 이거
하지 말자.

No **lo** **hagamos.**
No it (we) do.

336 우리 시간 낭비
하지 맙시다.

No **gastemos** **tiempo.**
No (we) waste time.

337	그 얘기는 하지 말자.	**No** No	**hablemos** (we) talk	**de** about	**eso.** that.		
338	제가 당신을 아나요?	**¿Te** To you	**conozco?** (I) know?				
339	나 괜찮아 보여?	**¿Me** Myself	**veo** (I) look	**bien?** good?			
340	내가 바본 줄 아세요?	**¿Te** Yourself	**crees** (you) think	**que** that	**soy** (I) am	**estúpido?** stupid?	
341	날 사랑해?	**¿Me** Me	**quieres?** (you) want?				
342	이거 필요하세요?	**¿Lo** That	**necesitas?** (you) need?				
343	그거 기억나요?	**¿Te** Yourself	**acuerdas?** (you) remember?				
344	이해가 되나요?	**¿Lo** That	**entiendes?** (you) understand?				
345	시간 좀 있으세요?	**¿Estás** (You) Are	**libre?** free?				
346	저를 믿으세요?	**¿Confías** (You) Trust	**en** in	**mí?** me?			
347	내 목소리 들려?	**¿Me** Me	**escuchas?** (you) listen?				
348	너 그거 알아?	**¿Sabes** (You) Know	**qué?** what?				

따라 말하기

---

349 우리
내기할까?

¿Quieres apostar?
Want (you) bet?

---

350 좋은 생각
같아요?

¿Suena | bien?
Sounds | good?

---

351 효과가
있어요?

¿Funciona?
(It) Works?

---

352 그게
문제가 돼?

¿Importa?
(It) Matters?

---

353 알겠어.

Entiendo.
(I) Understand.

---

354 저는 최선을
다했어요.

Hice | lo | mejor | que | pude.
(I) Did | it | best | that | could.

---

355 내가 이럴 줄
알았지.

Lo | sabía.
It | (I) knew.

---

356 잊어버렸어요.

Lo | olvidé.
It | (I) forgot.

---

357 놓쳤어요.

Me | lo | perdí.
Myself | it | (I) lost.

---

358 성공했어!

¡Lo | conseguí!
It | (I) achieved!

---

359 이제 나도
모르겠다.

Me | di por vencido.
Myself | (I) gave up.

---

360 어쩔 수
없었어요.

No | tuve | elección.
No | (I) had | choice.

---

361 이미 아침 먹었어요.

Ya desayuné.

Already (I) ate breakfast.

---

362 이미 점심 먹었어요.

Ya almorcé.

Already (I) ate lunch.

---

363 이미 저녁 먹었어요.

Ya cené.

Already (I) ate dinner.

---

364 네가 그렇게 말했잖아.

Tú lo dijiste.

You it (you) said.

---

365 너 때문에 기분 상했어.

Hieres mis sentimientos.

(You) Hurt my feelings.

---

366 고의는 아니었어요.

No era mi intención.

No (it) was my intention.

---

367 예상 못 했어요.

No me lo esperaba.

No me it (I) expected.

---

368 당신은 시도조차 하지 않았잖아요.

Ni siquiera lo intentaste.

Not even it (you) tried.

---

369 그거 당신이 하셨어요?

¿Lo has hecho tú?

It have done you?

---

370 그거 다 끝냈어요?

¿Lo has terminado?

It have (you) finished?

---

371 잘 잤어요?

¿Has dormido bien?

(You) Have slept well?

---

372 나 보고 싶었어요?

¿Me echaste de menos?

Me (you) missed?

373	재미있었어요?	**¿Te** Yourself	**divertiste?** (you) enjoyed?		

374	아침 식사했나요?	**¿Desayunaste?** (You) Ate breakfast?			

375	점심을 먹었나요?	**¿Almorzaste?** (You) Ate lunch?			

376	저녁 식사했나요?	**¿Cenaste?** (You) Ate dinner?			

377	문은 잠갔니?	**¿Cerraste** (You) Closed	**la puerta** the door	**con** with	**llave?** key?

378	그거 네가 만들었니?	**¿Lo** It	**hiciste** did	**tú?** you?	

379	성공했어?	**¿Funcionó?** (It) Worked?			

380	나 갈게.	**Me** Myself	**voy.** (I) go.		

381	당신은 정말 잘하고 있어요.	**Estás** (You) Are	**haciendo** doing	**genial.** great.	

382	그가 옵니다!	**¡Ya** Now	**viene!** (he) comes!		

383	저 몸이 별로 안 좋아요.	**No** No	**me** myself	**siento** (I) feel	**bien.** good.

384	꾸며낸 이야기가 아니에요.	**No** No	**me** me	**lo** it	**estoy** (I) am	**inventando.** making up.

385	놀리시는 거 아니죠?		**¿Estás** (You) Are	**bromeando?** joking?		
386	저한테 장난치시는 거예요?		**¿Estás** (You) Are	**jugando** playing	**conmigo?** with me?	
387	만나는(사귀는) 사람 있어요?		**¿Estás** (You) Are	**saliendo** going out	**con** with	**alguien?** someone?
388	그거 잘 되고 있어요?		**¿Va** (It) Goes	**bien?** good?		
389	내가 알아서 할 수 있어요.		**Puedo** (I) Can	**manejarlo.** handle it.		
390	너는 할 수 있어!		**¡Puedes** (You) Can	**hacerlo!** do it!		

391	믿을 수 없어!		**¡No** No	**me** me	**lo** it	**puedo** (I) can	**creer!** believe!
392	이해할 수 없어!		**¡No** No	**lo** it	**puedo** (I) can	**aceptar!** accept!	

393	들어가도 될까요?		**¿Puedo entrar?** Can (I) enter?	
394	이제 가도 되나요?		**¿Puedo irme** Can (I) go–myself	**ahora?** now?
395	뭐 좀 마실 수 있을까요?		**¿Puedo tomar** Can (I) take	**algo?** something?
396	저것 좀 보여주실 수 있나요?		**¿Puedes mostrarme** Can (you) show me	**eso?** that?

397 나를 거기로
데려다줄 수
있어?

¿Puedes llevarme allí?
Can (you) take me there?

398 와 줄 수
있어요?

¿Puedes venir?
Can come (you)?

399 언제든 나에게
말해도 돼.

Puedes decírmelo cuando quieras.
(You) Can tell me that when (you) want.

400 같은 거로
주세요.

Tendré lo mismo.
(I) Will have it same.

401 금방 갈게요.

Llego enseguida.
(I) Arrive immediately.

402 생각해볼게.

Pensaré sobre ello.
(I) Will think about it.

403 저는 5일 동안
여기에 머무를
거예요.

Me quedaré aquí por 5 días.
(I) Myself will stay here for five days.

404 내가
거기 있을게.

Estaré allí.
(I) Will be there.

405 보고 싶을
거야.

Te echaré de menos.
To you (I) will miss.

406 그에게는 내가
얘기해볼게요.

Hablaré con él.
(I) Will talk with him.

407 집까지 데려다
줄게요.

Te llevaré a casa.
To you (I) will take to house.

408 내가
배웅할게요.

Te acompaño hasta fuera.
You (I) accompany until outside.

| 409 | 곧 알게 될 거예요. | | **Ya** Now | **verás.** will see (you). | | | |

| 410 | 재미있을 거야! | | **Será** (It) Will be | **divertido.** fun. | | | |

| 411 | 후회하지 않을 거예요. | | **No** No | **te** you | **vas** (you) going | **a** to | **arrepentir.** regret. |

| 412 | 나 야근해야 해요. | | **Tengo que** (I) Have to | **hacer** do | **horas** hours | **extras.** extra. | |

| 413 | 7시까지 와야 해! | | **¡Tienes que** (You) Have to | **venir** come | **hasta** until | **las siete!** seven! | |

| 414 | 내 말을 들어야 해요! | | **¡Tienes que** (You) Have to | **escucharme!** listen me! | | | |

| 415 | 너는 그걸 할 이유가 없어. | | **No tienes** (You) No have | **por qué** why | **hacer** do | **eso.** that. | |

| 416 | 그거 안 사도 돼요. | | **No tenemos** (We) No have | **que** to | **comprar** buy | **eso.** that. | |

| 417 | 너 꼭 이래야겠어? | | **¿Realmente** Really | **tienes que** (you) have to | **hacer** do | **esto?** this? | |

| 418 | 커피 좀 마시고 싶어요. | | **Me** Myself | **gustaría** would like | **un poco** a little (bit) | **de** of | **café.** coffee. |

| 419 | 커피 좀 드실래요? | | **¿Te** Yourself | **gustaría** would like | **un poco** a little (bit) | **de** of | **café?** coffee? |

| 420 | 혹시 알아? | | **¿Quién** Who | **sabe?** knows? | | | |

421	여기서 사진 찍어도 되나요?	¿Puedo tomar Can (I) take	fotografías photos	aquí? here?	

| 422 | 뭐 새로운 거
있어요? | ¿Qué
What | hay
there is | de
of | nuevo?
new? |

| 423 | 무슨 일이야? | ¿Qué
What | pasa?
happen? | | |

| 424 | 당신 계획은
뭐예요? | ¿Cuál
Which | es
is | tu plan?
your plan? | |

| 425 | 요점이 뭐야? | ¿Cuál
Which | es
is | el punto?
the point? | |

| 426 | 뭐가
문제예요? | ¿Cuál
Which | es
is | el problema?
the problem? | |

| 427 | 이게
무슨 뜻이야? | ¿Qué
What | significa?
means? | | |

| 428 | 무슨
차이예요? | ¿Cuál
Which | es
is | la diferencia?
the difference? | |

| 429 | 너 도대체
왜 그래? | ¿Qué
What | te
yourself | pasa?
happen? | |

| 430 | 오늘
어땠어요? | ¿Cómo
How | fue
was | tu día?
your day? | |

| 431 | 여기 왜
온 거야? | ¿Por qué
Why | estás
are (you) | aquí?
here? | |

| 432 | 당신은
왜 그렇게
행복해요? | ¿Por qué
Why | estás tan
are (you) so | feliz?
happy? | |

433	당신은 왜 그렇게 슬퍼해요?	¿Por qué Why	estás tan are (you) so	triste? sad?
434	그녀는 왜 그렇게 화를 내는 거예요?	¿Por qué Why	está tan is (she) so	enfadada? angry?
435	그게 왜 그렇게 중요한가요?	¿Por qué Why	es tan is so	importante? important?
436	어느 게 더 낫니?	¿Cuál es Which is	mejor? better?	
437	무엇을 기다리고 있어요?	¿Qué estás What are (you)	esperando? waiting?	
438	어디 가?	¿A dónde To where	vas? go (you)?	
439	무슨 일이야?	¿Qué está What is	pasando? happening?	
440	뭐 하고 있어요?	¿Qué estás What are (you)	haciendo? doing?	
441	무슨 생각을 하는 거야?	¿Qué estás What are (you)	pensando? thinking?	
442	대체 무슨 생각을 한 거야?	¿Qué estabas What were (you)	pensando? thinking?	
443	너 어떡할 거야?	¿Qué vas What (you) going	a hacer? to do?	
444	어떻게 돼가니?	¿Cómo te How to you	va? go?	

445 당신은 어디 사십니까?

¿Dónde vives?
Where live (you)?

446 당신은 어디서 일하세요?

¿Dónde trabajas?
Where work (you)?

447 어떤 일을 하세요?

¿A qué te dedicas?
To what yourself dedicate (you)?

448 어떻게 생각하니?

¿Qué piensas?
What think (you)?

449 무슨 말이야?

¿Qué quieres decir?
What (you) want to say?

450 뭘 원해?

¿Qué quieres?
What want (you)?

451 이건 뭐라고 불러요?

¿Cómo lo llaman?
(You) How it (they) call?

452 뭐 먹고 싶어?

¿Qué quieres comer?
What (you) want to eat?

453 내가 어떻게 알아요?

¿Yo qué sé?
I what know?

454 내가 왜 그래야 하는데?

¿Por qué tengo que hacerlo?
Why (I) have to do it?

455 그가 왜 좋은 거야?

¿Por qué te gusta?
Why yourself like (he)?

456 왜 그렇게 걱정하는 거야?

¿Por qué te preocupas tanto?
Why yourself worry (you) so much?

457 누굴 만났니?

¿A	quién	te	encontraste?
To	who	yourself	(you) encountered?

458 어디에서 산 거예요?

¿Dónde	lo	compraste?
Where	it	(you) bought?

459 어디서 잃어버렸어?

¿Dónde	lo	perdiste?
Where	it	(you) lost?

460 어디에서 찾았어요?

¿Dónde	lo	encontraste?
Where	it	(you) found?

461 뭐라고 했어요?

¿Qué	dijiste?
What	(you) said?

462 어떻게 알았어?

¿Cómo	supiste?
How	(you) knew?

463 거긴 어떻게 간 거예요?

¿Cómo	llegaste	allí?
How	(you) arrived	there?

464 왜 그렇게 말했던 거야?

¿Por qué	me	lo	dijiste tú de	esa	forma?
Why	me	it	told you of	that	form?

465 왜 전화했어?

¿Por qué	me	llamaste?
Why	me	(you) called?

466 언제 올 수 있는데?

¿Cuándo	puedes	venir?
When	can (you)	come?

467 언제 끝낼 수 있어요?

¿Cuándo	puedes	acabarlo?
When	can (you)	finish it?

468 우리 언제 만날까요?

¿Cuándo	nos	vemos?
When	us	see?

469 | 우리 어디에서
만날까요?

¿Dónde **deberíamos** **vernos?**
Where / should (we) / see us?

470 | 어디로
갈 거니?

¿A **dónde** **vas** **a** **ir?**
To / where / going (you) / to / go?

471 | 어디에 머물
예정입니까?

¿Dónde **te** **quedarás?**
Where / yourself / will stay (you)?

472 | 설명할 수가
없어요?

¿Qué **puedo** **decir?**
What / can (I) / say?

473 | 내가 무슨 말을
해야 해요?

¿Qué **debería** **decir?**
What / should (I) / say?

474 | 뭘 골라야
하죠?

¿Qué **debería** **elegir?**
What / should (I) / choose?

475 | 어떻게
도와드릴까요?

¿Cómo **puedo ayudarte?**
How / can (I) help you?

476 | 나한테 어떻게
이럴 수가
있어?

¿Cómo **puedes hacerme** **esto?**
How / can (you) do me / this?

477 | 언제부터
그랬는데?

¿Desde **cuándo?**
Since / when?

478 | 언제까지?

¿Para **cuándo?**
Until / when?

479 | 예를 들면
어떤 거?

¿Como **qué?**
Like / what?

480 | 어떤 면에서
그렇죠?

¿En **qué** **manera?**
In / what / way?

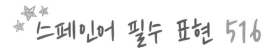

| 481 | 어떤 방법이
가장 나을까? | | **¿Cuál**
Which | **es**
is | **la mejor manera?**
the best way? |

| 482 | 어떤 게 좋니? | | **¿Cuál**
Which | **te**
yourself | **gusta?**
like? |

| 483 | 또 누가
있겠어? | | **¿Quién**
Who | **más?**
else? | |

| 484 | 나는? | | **¿Y**
And | **yo?**
I? | |

| 485 | 또 뭐? | | **¿Qué**
What | **más?**
else? | |

| 486 | 어떻게
그런 일이? | | **¿Cómo**
What | **es**
is | **eso?**
that? |

| 487 | 어떻게
된 거야? | | **¿Qué**
What | **ha pasado?**
has happened? | |

| 488 | 누구를
기다리고
있어요? | | **¿A**
To | **quién**
who | **esperas?**
wait (you)? |

| 489 | 누구를
찾고 있어요? | | **¿A**
To | **quién**
who | **buscas?**
look for (you)? |

| 490 | 누구랑
같이 있어요? | | **¿Con**
With | **quién**
who | **estás?**
are (you)? |

| 491 | 뭘 찾고
있어요? | | **¿Qué**
What | **estás**
are (you) | **buscando?**
looking for? |

| 492 | 뭘 보고
있어요? | | **¿Qué**
What | **estás**
are (you) | **mirando?**
looking at? |

493	무슨 말을 하는 거야?	¿De	qué	estás	hablando?
		About	what	are	talking?

494	그건 어떻게 생겼어?	¿A	qué	se	parece?
		To	what	itself	looks like?

495	그들 중 하나요.	Uno	de	ellos.
		One	of	them.

496	그들 중 몇이요.	Alguno	de	ellos.
		Some	of	them.

497	그들 전부요.	Todos	ellos.
		All	them.

498	그들 모두 아니에요.	Ninguno	de	ellos.
		None	of	them.

499	둘 다 아니에요.	Ninguno	de	los dos.
		None	of	the two.

500	둘 다요.	Ambos.
		Both.

501	뭐든 네가 원하는 거로.	Lo	que quieras.
		The thing	that (you) want.

502	첫째로…	Para	empezar…
		To	start…

503	한편으론…	Por	una parte…
		By	one part…

504	내가 아는 한.	Por	lo	que sé.
		By	it	that (I) know.

505 바로 저기야.

Justo allí.
Right there.

506 마주 보고.

Cara a cara.
Face to face.

507 너 대신.

En lugar de ti.
In place of you.

508 그거 봐?
(내가 뭐랬어?)

¿Ves?
(You) See?

509 농담이에요.

Es una broma.
(It) Is a joke.

510 저도 아니에요.

Yo tampoco.
Me neither.

511 알 만해.

No es de extrañar.
No (it) is to be strange.

512 창피한 줄
알아요.

Debería darte vergüenza.
Should give you shame.

513 저것
때문이에요.

Por eso.
For that.

514 별말씀을요.

No lo menciones.
No it (you) mention.

515 뭐 찾으세요?

¿Buscas algo?
(You) Look something?

516 기다려주셔서
감사합니다.

Gracias por su espera.
Thank you for your waiting.

MEMO